Nello Scavo

Bergoglios Liste

Nello Scavo

Bergoglios Liste

Papst Franziskus und die argentinische Militärdiktatur

Eine Geschichte von verschwundenen Menschen und geretteten Leben

Aus dem Italienischen von Gabriele Stein

Mit einem Vorwort von Adolfo Pérez Esquivel

HERDER

FREIBURG · BASEL · WIEN

MIX
Papier aus verantwortungsvollen Quellen
FSC® C083411
FSC
www.fsc.org

Titel der Originalausgabe:
La Lista di Bergoglio. I salvati da Francesco durante la dittatura.
La storia mai raccontata
ISBN 978-88-307-2181-4

www.herder.de

Umschlaggestaltung: Designbüro Gestaltungssaal
Umschlagmotive: © dpa Picture-Alliance

Satz: Barbara Herrmann, Freiburg
Herstellung: CPI books GmbH, Leck

Printed in Germany

ISBN 978-3-451-34046-8

Für Stella und Pietro

Liebe die Wahrheit, zeig dich als der, der du bist:
ohne Ausflüchte, ohne Scheu, ohne Rücksichten.
Trägt die Wahrheit dir Verfolgung ein, nimm sie an;
trägt sie dir Leid ein, erdulde es.
Und solltest du für die Wahrheit
dich selbst und dein Leben opfern müssen,
dann sei stark im Opfer.
(Giuseppe Moscati)

Für meine Jesuiten,
P. Filippo und P. Silvio Alaimo

Inhaltsverzeichnis

Vorwort

»Bergoglio trug dazu bei, den Verfolgten zu helfen«

von Adolfo Pérez Esquivel[1]

Die Wahl von Papst Franziskus, bis dahin als Jorge Mario Kardinal Bergoglio bekannt, hat in der ganzen Welt und auch in unserem Land für große Überraschung gesorgt. Weniger überraschend war, dass die Spekulationen darüber, was diese Wahl zu bedeuten hat, sich innerhalb kürzester Zeit vervielfachten. Ich für meinen Teil möchte das eine oder andere zu bedenken geben, weil in manchen Medien alte und neue persönliche Meinungen über die Rolle der Kirche während der Diktatur und insbesondere über den neuen Papst diskutiert worden sind.

Ich habe noch nie daran geglaubt, dass die Menschheitsgeschichte vorherbestimmt oder aber das Ergebnis völlig unerwarteter Umstände und Szenarien ist. Es will mir nicht einleuchten, dass die Verhaltensweisen und die Resultate dessen, was die Kirche tut, von vorneherein determiniert sein sollen. Die Optionen, die sich in einer bestimmten historischen Periode herauskristallisieren, werden immer sowohl Berechenbares als auch Ungewisses enthal-

[1] Argentinischer Pazifist und Menschenrechtsaktivist, während der Diktatur inhaftiert und gefoltert. Friedensnobelpreis 1980. Weitere Informationen unter www.adolfoperezesquivel.org

ten. Immer besteht die Möglichkeit, unterwegs Erfolge zu erzielen oder Irrtümer zu begehen. Hier ist niemand unfehlbar – nicht einmal der Papst. Die Herausforderung besteht also darin, einen Prozess zu deuten und abzuwägen, welche Chancen und welche Risiken er möglicherweise enthält.

In welcher Situation befand sich die Kirche vor dem Rücktritt Benedikts XVI.? In den vergangenen Jahrzehnten hatten die führenden Vertreter der Kirche einen großen Teil des mit dem Zweiten Vatikanischen Konzil begonnenen Weges wieder rückgängig gemacht: Ansätze, die sich, ausgehend von Medellín, Puebla und verschiedenen anderen Konferenzen, in Lateinamerika entwickelt hatten und die Geschichte der Befreiung der Völker als einen Teil der Heilsgeschichte ansahen, waren entschärft worden oder wurden sogar verfolgt. In den Augen vieler Amtsträger stellte die Option für die Armen nicht länger das Zentrum der Theologie dar, sondern war zu einem Ansporn geworden, konservative Laienbewegungen zu fördern, die nicht selten mit einflussreichen Wirtschaftsmächten verbandelt waren; die Befreiungstheologen und andere nachkonziliare Persönlichkeiten verschwanden nach und nach oder landeten sogar direkt auf der Anklagebank, während die Institution sich nach Kräften bemühte, die Lefebvre-Anhänger wieder in die Herde zu integrieren, die allerdings eine Rückkehr zum Konzil forderten – nämlich zum Konzil von Trient!

In einer Kirche, in der im Zuge der von Johannes Paul II. begonnenen und unter Benedikt XVI. konsolidierten konservativen Wende progressive gegen ultrakonservative Bischöfe ausgetauscht und so ganze Episkopate von Grund auf verändert worden waren und deren Glaubwürdigkeit aufgrund der wenig transparenten Geldwirtschaft des Vatikans, der Missbrauchsvorwürfe und des verschleiernden Umgangs mit mutmaßlichen pädophilen Übergriffen von Priestern in eine schwere Krise geraten war, rechnete man mit einer Papstwahl, die die ultramontanen und insbesondere italienischen Entscheidungen der Vergangenheit fortsetzen würde.

In diesem Kontext war die Wahl von Kardinal Bergoglio etwas völlig Neues: Zum ersten Mal legte die Kirche ihren Eurozentrismus ab und öffnete ihren Horizont für Lateinamerika und die anderen Kontinente.

Die ersten Gesten und Verhaltensweisen des neuen Papstes – nicht zuletzt auch die Tatsache, dass er den Namen des Heiligen von Assisi, Franziskus, angenommen hat, der mit seinem hohen Symbolwert sowohl die Option für die Armen als auch ein klares Aktionsprogramm zum Ausdruck bringt – haben einen anderen Raum abgesteckt, als zunächst vermutet. Nur die Zeit wird zeigen, inwieweit Franziskus in der Lage ist, das negative Erbe zu überwinden, das den Vatikan und die Kirche insgesamt beschädigt hat. Wird es der Kirche gelingen, wieder zur Straße des Konzils zurückzufinden, dessen Botschaft auf die heutige Zeit anzuwenden und sie mit neuem Licht und Leben zu erfüllen, indem sie den Glauben an die soziale Gerechtigkeit unter den Völkern als eine echte Alternative verkündigt?

Auch wenn der frühere Kardinal Bergoglio in Fragen der Lehre dem konservativen Flügel der Kirche zugerechnet werden kann, haben wir in den vergangenen Jahren andere Aspekte seines pastoralen Handelns kennengelernt: Er hat sich als ein Hirte profiliert, der sich für die Notleidenden einsetzt; seine Arbeit – nicht nur die pastorale Versorgung der Slums, sondern auch die Unterstützung von Organisationen, die gegen Menschenhandel und Sklavenarbeit kämpfen, die Förderung der von den Arbeitern reaktivierten Unternehmen und die Solidarität mit den Leidenden – kommt den Armen und jenen zugute, die das System aussortiert hat. Das sind die Grundzüge einer Arbeit, die sicherlich Kontinuität stiften und weltweit Nachahmer finden wird.

Die Agenda der Weltkirche hat sich schon jetzt verändert. Die Sehnsucht nach einer armen Kirche, der Einsatz für die Ärmsten … all das ist jetzt keine Nebensache mehr.

Ich habe mich schon mehrfach dahingehend geäußert, dass die argentinische Amtskirche in weiten Teilen Komplizin der Diktatur oder – in manchen Fällen allein aufgrund ihrer Tatenlosigkeit – den historischen Umständen nicht gewachsen gewesen ist. Natürlich darf man hier nichts verallgemeinern und nicht alle über einen Kamm scheren. Manche Bischöfe waren ganz eindeutig Mittäter und haben sogar die Folter gerechtfertigt. Wir kennen ihre Namen und haben dazu beigetragen, sie zu überführen. Andere bezogen nicht wirklich Position und blieben lau in ihren Standpunkten, versuchten aber immerhin im Rahmen ihrer Möglichkeiten zu helfen, indem sie sich mit Beschwerden bei der Militärjunta für *Desaparecidos* und Häftlinge einsetzten oder privat Menschen retteten. Schließlich gab es auch Bischöfe wie Justo Oscar Laguna und Jorge Casaretto, der die in der *Unidad 9* internierten Priester seiner Diözese besuchte und der auch mich sehen wollte, als ich im Gefängnis saß. Nach hitzigen Diskussionen mit den Militärs gelang es Bischof Laguna schließlich im April 1977, in der Direktion der Bundessicherheitsbehörde ein Treffen mit mir zu arrangieren. Der damalige Provinzial der Gesellschaft Jesu, Pater Jorge Mario Bergoglio, trug dazu bei, dass den Verfolgten geholfen wurde, und setzte sich in jeder Weise dafür ein, dass die Priester seines Ordens, die verschleppt worden waren, freigelassen wurden. Allerdings beteiligte er sich damals, wie ich bereits andernorts erwähnt habe, nicht im Namen der Menschenrechte am Kampf gegen die Militärdiktatur. Das taten andere wie die Bischöfe Jaime de Nevares, Miguel Hesayne, Jorge Novak, Antonio Devoto oder auch Vicente Zazpe, mein Zellengefährte in Ecuador, wo wir gemeinsam mit 17 lateinamerikanischen Bischöfen im Gefängnis von Riobamba festgehalten wurden. Insgesamt aber steht der argentinische Episkopat, obwohl seine Mitglieder inzwischen ausgetauscht worden sind, noch in der Bringschuld, was die Aufdeckung der Wahrheit und das Eintreten für die Gerechtigkeit angeht, die er anerkennen und zu deren Wiederherstellung er beitragen müsste.

Die Begegnung zwischen der argentinischen Präsidentin Cristina Fernández de Kirchner und dem Papst war von großer Bedeutung, weil sie dazu beigetragen hat, die Spannungen der Vergangenheit zu lindern, und, was den Aufbau der »Patria Grande« betrifft, nicht nur Argentinien, sondern allen lateinamerikanischen Regierungen neue Perspektiven eröffnet. Wir können heute auf einen südamerikanischen Papst zählen, der dem Anliegen, den Reichtum der Welt gerechter zu verteilen, größeres Gewicht verleihen kann: damit die Armen die Chance erhalten, alle ihre Rechte wahrzunehmen und so ihre Situation der Armut für immer hinter sich zu lassen.

Bei einem Treffen haben Papst Franziskus und ich über die Menschenrechte diskutiert, und bei dieser Gelegenheit hat er Folgendes gesagt: »Man muss weiter für die Wahrheit, die Gerechtigkeit und die Wiedergutmachung des von den Diktaturen angerichteten Schadens arbeiten.« Das ist ein deutliches Signal an die Adresse derer, die den Zeiten nachtrauern, in denen sie straflos ausgingen. Hoffen wir, dass diese Botschaft sich aufseiten der Kirche in konkreten Taten ausdrückt und sie auf die Wünsche unseres Volkes hört. Außerdem habe ich mit dem Papst von der Hoffnung gesprochen, dass die Kirche vielleicht eines Tages die lateinamerikanische Martyrologie anerkennen wird: die Geschichte jener Ordensleute, Priester und Laien, die im Namen ihres Glaubens und für ihre Völker ihr Leben geopfert haben. Außerdem haben wir über den Fall von Bischof Romero in El Salvador und von Pater Carlos Murias in Argentinien geredet, über ihre Heiligsprechungsprozesse, die im Gang sind und schon bald abgeschlossen werden könnten.

Der Papst hat mir gegenüber seine Sorge um die Armen ausgedrückt und seine Absicht, sich gegen die Geißel der Armut zu engagieren und noch einmal unterstrichen, dass er sich im Sinn der Gleichheit aller Religionen für die Ökumene einsetzen und sich auch mit den Problemen befassen wolle, die unsere Umwelt bedrohen.

Ich habe ihm gesagt, seine Entscheidung für den Namen Franziskus stelle an sich schon eine Herausforderung und gleichzeitig ein Lebensprogramm dar. Und seine konkreten Gesten – dass er eine Messe in einem Jugendgefängnis gefeiert hat, in einem einfachen Zimmer lebt und seinen herrschaftlichen Papstthron gegen einen gewöhnlichen Sessel ohne Sockel ausgetauscht hat – seien noch immer geeignet, mehr als einen im Vatikan zu überraschen, herauszufordern und mit Unbehagen zu erfüllen.

Die Aufgaben, die ihn erwarten, sind zahlreich, ich weiß nicht, ob der Heilige Geist sich das so gedacht hat; auf jeden Fall hoffen wir, dass es Franziskus wie Johannes XXIII. gelingt, die Türen weit aufzustoßen und die Fenster zu öffnen, um die Spinnweben der vergangenen Jahrhunderte zu zerreißen und endlich Licht hereinzulassen.

Erster Teil

Warum dieses Buch?
Gründe meiner Recherche

Eine »Liste« mit Dutzenden von Namen

Plötzlich flimmerte sein Bild weltweit über die Fernsehbildschirme. Von einer monumentalen Balustrade aus blickte der Mann, dem sie ihr Leben verdankten, auf eine verblüffte Menschenmenge hinab. Es war, als würde plötzlich ein Schleier weggezogen. Einige von ihnen hatten ihn seit diesem fernen Tag des Abschieds nicht wiedergesehen: jene, die sich unter abenteuerlichen Umständen nach Europa eingeschifft hatten; die über die Grenze geflohen waren; die sich im Kofferraum versteckt hatten, während er gegen die Ausgangssperre verstieß. Vier Jahrzehnte lang hatten sie darum gerungen, sich erinnern zu können, ohne zu leiden. Beinahe keinem war es gelungen.

Er trug Weiß. Sagte, er wolle sich Franziskus nennen. »Bergoglio hat viele gerettet, mehr, als er selbst im Gedächtnis hat«, vertraute mir ein alter Freund von ihm wenige Stunden später an. Die Zeit des Vergessens war vorbei.

Jetzt hieß es recherchieren. Nach Buenos Aires reisen und von dort aus den Faden der Erzählungen aufwickeln, die bis nach Uruguay und Paraguay führen. Die Fluchtwege nachverfolgen. Und weitersuchen, Bruchstücke von Leben aufstöbern, die dem Henker entrissen worden waren: den kommunistischen Gewerkschafter, die ehemaligen Katecheten, den Universitätsdozenten, den Richter, den atheistischen Journalisten, die Jungverheirateten, die verfolgt wurden, weil sie lieber unter den Ärmsten der Armen leben als ein bequemes Dasein führen wollten, den Politiker oder den marxistischen Theologen. Einige leben noch in Argentinien, viele haben nie aufgehört, sich als Verbannte zu fühlen.

Doch niemand, angefangen bei dem durchaus nicht kleinen Kreis enger Freunde, wirklich niemand wollte mir den entscheidenden Hinweis geben. Weder der Neffe José Luis Narvaja, Jesuitenpater und Leiter des Thomas-Falkner-Forschungszentrums in Buenos Aires, noch Alicia Oliveira, Richterin und Anwältin, die wiederholt von Bergoglio beschützt worden war. Und auch nicht Pater Juan Carlos Scannone, der als der bedeutendste noch lebende argentinische Theologe gilt und mir seine Geschichte erzählt hat, wie auch er der Verfolgung entging.

»Tut mir leid, den Rest der Geschichte musst du selbst herausfinden.« Ein verdächtiges Verhalten. Als ob es etwas zu verbergen gäbe. Eine Verschwörung des Schweigens, um die Sympathien, die Papst Franziskus in der Öffentlichkeit genoss, nicht zu gefährden? Keine Namen. Nicht einmal eine Spur, kein noch so kleiner Hinweis auf Pater Jorges »Liste«. »Ich bin sicher, dass Sie es herausfinden werden«, bekam ich zur Antwort, wenn ich weiter insistierte.

Während die »Liste« sich mit Namen, Begegnungen und Zeugenaussagen füllte – Beispiele für eine Kühnheit und Schläue, die einem Geheimagenten Ehre gemacht hätten –, verfestigte sich nach und nach die Antwort auf eine Frage, die zur Obsession geworden war: »Warum haben Pater Jorges Freunde es vorgezogen zu schweigen, obwohl ihnen doch daran gelegen sein müsste, dass sich diese erstaunliche Wahrheit überall verbreitet?«

Von der Höhe seiner 81 Jahre herab beschränkt Pater Scannone sich lediglich darauf, mir mit »Ja« zu antworten, als ich ihm eine verschrobene Hypothese vorlege, die mir plötzlich eingefallen ist, die aber für mein Denken als Journalist – das sich von der weniger impulsiven Logik des Historikers deutlich unterscheidet – scheinbar gar keinen Sinn ergibt.

Ich stelle ihm diese Frage am Ende einer langen Unterhaltung in einem kleinen, etwas abseits gelegenen Raum im Kolleg von San Miguel[2], das das Hauptquartier der wagemutigen Geheimoperationen war. Wir haben über die noch nicht verheilten Wunden gesprochen. Über die Mütter, die Woche für Woche in einer traurigen Kreuzwegprozession zur Plaza de Mayo marschieren; über die Großmütter, die wissen, dass ihre Enkel in den finsteren Gängen der Gefängnisse zur Welt gekommen und sofort von regimetreuen Familien adoptiert worden sind, während die leiblichen Eltern für immer verschwanden. Wir haben über eine ganze Generation gesprochen, deren Akte mit 13 Buchstaben gekennzeichnet ist: *Desaparecidos* (»die Verschwundenen«).

Das »Ja«, das der greise jesuitische Theologe mit knapper Not herausbringt, ist die Antwort auf folgende Frage: »Schweigen die Freunde des Papstes, weil sie nicht den Verdacht aufkommen lassen wollen, dass Bergoglio die Ereignisse aus den Jahren der Diktatur zu seinen Gunsten zu manipulieren versucht?«

Er selbst, damals Jesuitenprovinzial, später Weihbischof und schließlich Erzbischof von Buenos Aires und

---

[2] San Miguel ist eine Stadt im Großraum Buenos Aires und liegt etwa 30 Kilometer vom Zentrum der argentinischen Hauptstadt entfernt. Dort befinden sich die beiden in diesem Buch erwähnten Einrichtungen: das *Colegio Máximo* und die *Universidad del Salvador.*

Primas von Argentinien, hatte im Übrigen 30 Jahre lang geschwiegen. Auch das sagt etwas über das Verständnis der Freiheit aus, die Papst Franziskus für sich in Anspruch nimmt und die er sich für andere wünscht – selbst auf die Gefahr hin, dass man für diese Freiheit einen hohen Preis bezahlt.

Und doch bin ich dankbar für dieses Schweigen, weil das Folgende die Rekonstruktion einer mühseligen Recherche auf den Spuren derer ist, die von Bergoglio gerettet worden sind. Die »Liste« bleibt weitgehend unvollständig. Der größte Teil dieser »verhinderten *Desaparecidos*« hat sich ein möglichst normales Leben aufgebaut. Das Böse ist draußen geblieben. Hin und wieder klopft es an die Tür. Wie in einer kollektiven Entgiftungskur haben sie jahrzehntelang versucht, die Leere dieses Wahnsinns mit dem Leben zu füllen, das sie sich Tag für Tag erkämpft haben – die einen, indem sie dem Schicksal für die Sonne danken, die noch immer vor ihren Augen aufgeht, die anderen, indem sie das Schuldgefühl verfluchen, das sie quält, weil sie noch immer nicht mit jenen fertig sind, die auf dem Grund des Atlantiks ihr Grab gefunden haben.

Lange hat man Bergoglio vorgeworfen, er habe sich auf die andere Seite geschlagen, sei ein Feigling und Mittäter gewesen. Doch die Stimmen der »Liste« legen Zeugnis für ihn ab: Stimmen, die auf den folgenden Seiten in persönlichen Begegnungen, Interviews, Ermittlungsprotokollen und in vor den Untersuchungskommissionen abgegebenen Erklärungen laut werden. Einige von »Bergoglios Geretteten« haben uns gebeten, nicht zu erwähnen, wo und wie wir uns getroffen haben. Andere haben es vorgezogen, uns auf Zeitungsausschnitte und schriftlich niedergelegte Erinnerungen zu verweisen, die wir durch die entsprechenden

Vermerke in den Gerichtsakten ergänzt haben. Aus Gründen des Schutzes der Privatsphäre, für die der Leser in Anbetracht des heiklen Themas sicherlich Verständnis haben wird, äußern wir uns bei einigen Rekonstruktionen nicht darüber, wie, wo und wann die betreffenden Fakten zu unserer Kenntnis gelangt sind.

Manche sprechen von »Heldentaten«. Andere sagen etwas biblischer »gute Werke«. Und es gibt Grund genug, von diesem unbekannten Bergoglio zu erzählen, vom Mut, den er in jenen Nächten besaß, obwohl ständig Razzien drohten; von Tagen zwischen Brevier und Blockadeposten, immer auf der Suche nach Möglichkeiten, die Kontrollen zu umgehen, die Polizei auf eine falsche Fährte zu locken und die Generäle an der Nase herumzuführen, um die Jugendlichen, die in den geheimen Folterkellern landen sollten, heil und gesund über die Grenze zu bringen.

Eine Frage wird jedoch ohne erschöpfende Antwort bleiben: Wie viele waren es? Pater Miguel La Civita, einer, der auf der »Liste« steht, erklärt, er habe gesehen, dass Bergoglio »vielen Menschen geholfen hat, das Land zu verlassen«, nicht nur Priestern und Seminaristen. »Am *Colegio Máximo* stellten sich immer wieder Leute vor, allein oder in kleinen Gruppen, die ein paar Tage blieben und dann verschwanden. Er sagte: ›Sie wollen geistliche Einkehr halten.‹ Und die Exerzitien dauerten eine Woche. Ich begriff, dass es Dissidenten waren, Laien, denen Pater Jorge bei der Flucht half. Wie? Auf jede nur mögliche Weise und immer unter allergrößtem Risiko.«

Jeder, der von Bergoglios Schutz profitiert hat, sagt, er sei bei der Rettung von mindestens 20 weiteren Personen dabei gewesen. Manche dieser Aussagen beziehen sich auf denselben Zeitraum, andere hingegen sind nicht deckungsgleich, weil Jahre dazwischenliegen. Pater Jorge muss – wenn man denn eine vorsichtige Schätzung wagen will – über hundert Menschen gerettet haben. Dutzende weitere wurden, wie wir noch sehen werden, »vorbeugend« gerettet, das heißt vom späteren Papst gewarnt, ehe sie verschleppt werden konnten. Und schließlich kommen auch noch diejenigen hinzu, die »ohne ihr Wissen« vom Regime verschont wurden, weil man dank der Manöver von Pater Jorge »neue Verhaftungen abwenden und so verhindern konnte« – wie einige der Protagonisten uns in diesem Buch erzählen –, »dass im Lauf der unter der Folter geführten Verhöre weitere Namen bekannt wurden, die sich sonst heute ebenfalls auf den endlosen Listen der *Desaparecidos* befänden.«

Es scheint also – und ich hoffe, ihm selbst damit nicht zu nahe zu treten –, dass Bergoglios »Liste« tatsächlich mehr Gerettete umfasst, »als er selbst im Gedächtnis hat«.

Argentinien unter der Knute der Militärs

Am 24. März 1976 war die Armee in Argentinien auf dem Höhepunkt ihrer Macht. Unter dem Vorwand, einen »Prozess der nationalen Reorganisation« einzuleiten, setzte eine Militärjunta die Präsidentin Isabelita Perón, die die Nachfolge ihres Mannes angetreten hatte, und mit ihr sämtliche Gouverneure und Vizegouverneure ab. Der Kongress wurde aufgelöst, die Mitglieder des Obersten Gerichtshofs vom ersten bis zum letzten ihres Amtes enthoben.

Die Militärs hatten den Krieg gewonnen, aber sie bemühten sich nicht um Frieden. Stattdessen riefen sie den Belagerungszustand aus, hoben die verfassungsmäßigen Rechte auf, unterbanden sämtliche Aktivitäten von Vereinen und politischen Gruppen, verboten die Gewerkschaften, überwachten die Zeitungen und entführten Politiker, Sozialaktivisten und Guerillakämpfer. Folter war die Regel, wenn es darum ging, Informationen zu beschaffen, und mit der Methode systematischer Massenverschleppungen schuf man ein Klima des Terrors. Die Geheimgefängnisse waren unter anderem Umschlagplatz eines perversen und systematischen Raubs von Kindern, die dort geboren worden waren.

Die Junta bestand aus Militärs, die aus allen drei Bereichen der Armee stammten: Videla für das Heer, Massera für die Marine und Agosti für die Luftwaffe. Die Aufgabe, den Präsidenten der Nation zu bestimmen, übernahmen die nicht mehr im aktiven Dienst befindlichen Offiziere und die Mitglieder der CAL *(Comisión de Asesoramiento Legislativo)*, um der Regel vom »vierten Mann« Genüge zu tun und so die Trennung zwischen dem Militär und der Regierung zu gewährleisten.

Das war natürlich nur ein Lockmittel, ein Zuckerstückchen, damit auch die weniger fügsamen Mitglieder der internationalen Gemeinschaft einen Staatsstreich schluckten und mit dem man sie glauben machen wollte, dass die in den Nachbarländern begangenen Gräueltaten sich in Argentinien nicht wiederholen würden. Bis Juli 1978 hielt das Heer General Videla auf dem Präsidentenstuhl, der 1981 von Viola abgelöst wurde; auf ihn folgte Galtieri und 1982 schließlich Bignone. Um ihre eigentlichen Absichten zu verschleiern, setzten die Verschwörer die Verfassung nicht außer Kraft. Sie traten sie nur mit Füßen. Theoretisch blieb die Charta der Grundrechte in Kraft – unter einer Bedingung: dass sie nicht gegen die Anordnungen verstieß, die in der Satzung des »Prozesses der nationalen Reorganisation« enthalten waren. Ein Widersinn, der erst auf den zweiten Blick erkennbar wird.

All das konnte geschehen, weil das ganze Land von einer allgemeinen Sprachlosigkeit ergriffen worden war. Diese Bereitschaft zum Massenschweigen war in Jahren der Unsicherheit gereift. »Zumindest ein Teil der Gesellschaft hatte das Eingreifen des Militärs 1976 erwartet oder sogar gefordert, weil man damit die Hoffnung verband, dass die sozialen Spannungen und Konflikte gelöst werden würden, die die vorangegangenen Regierungen in ihrer Unfähigkeit nicht hatten überwinden können. Obwohl ein energisches Eingreifen sicherlich notwendig war, sind die Militärs zweifellos sehr viel weiter gegangen, als die Gesellschaft es erwartet hatte«, erklärt Marzia Rosti, Dozentin für lateinamerikanische Geschichte an der Fakultät für Politikwissenschaften der Universität Mailand in ihrem Buch »*Argentina*«.

Die flächendeckenden Maßnahmen gegen die Guerilla zeigten schon nach wenigen Monaten Wirkung. Die Aushebelung der sozialen Organisationen hatte das Verschwinden von mindestens 30.000 Menschen, den Raub von über 500 Kindern zum Tode Verurteilter, die Festsetzung Tausender politischer Aktivisten, das Exil von etwa zwei Millionen Menschen und 19.000 Erschießungen auf offener Straße zur Folge.

1983 löste das Regime sich auf. Gedemütigt durch die Niederlage im Krieg gegen Großbritannien, in dem es um die Zurückeroberung der Falklandinseln ging, wurden die Militärs sowohl von der nationalen wie auch von der internationalen Öffentlichkeit unter Druck gesetzt. Erstere warf ihnen vor, Hunderte junger Soldaten in den Tod geschickt zu haben, und letztere hatte die Generäle letztendlich doch durchschaut und begriffen, mit welchen barbarischen Methoden die Junta das Land unter ihrer Kontrolle gehalten hatte.

Und so begann man schließlich hinter vorgehaltener Hand von Massengräbern und Friedhöfen mit namenlosen Kreuzen zu tuscheln. Zum ersten Mal seit der Zeit der *Conquistadores* fand wieder ein Wort aus Lateinamerika den Weg auf die schwärzesten Seiten der Geschichtsbücher: *Desaparecidos.* Zuerst war nur von einigen Hundert die Rede, doch nachdem die Verwandten dieser »Verschwundenen« Nachforschungen angestellt hatten, kam man zu einer zwar vorsichtigen, heute aber allgemein anerkannten Schätzung: 30.000 *Chupados,* die vom Schlund einer absoluten und gnadenlosen Macht »geschluckt« worden waren.

Von April bis Dezember 1985 wurden die hochrangigen Militärs am Bundesgerichtshof von Buenos Aires im sogenannten *Juicio del siglo,* dem Jahrhundertprozess, abgeurteilt, der den Übergang zur Demokratie begleiten sollte. Der ganze Subkontinent hing tagelang wie gebannt an den Radio- und Fernsehgeräten oder verfolgte die neuesten Nachrichten in den Tageszeitungen. Insgesamt waren es 900 Stunden Gerichtsverhandlungen, 833 Zeugen und drei Tonnen Aktenmaterial, die schließlich am 9. Dezember 1985 zu einem Urteil führten. »Es fiel milder aus« – schreibt wiederum Marzia Rosti – »als die Klägerseite gefordert und die öffentliche Meinung erwartet hatte: Nur Videla und Massera bekamen lebenslänglich. Ein großer Teil der Argentinier war davon überzeugt, dass die Militärs ihre Strafen verbüßen würden, so man sie anklagte, und erwarteten nun den Beginn der Prozesse gegen die niedrigeren Ränge, doch die Aussicht auf über tausend neue Prozesse vermittelte nicht nur eine Vorstellung vom Ausmaß der Tragödie, sondern rief (zwischen 1987 und 1988) auch Widerstände und Spannungen unter den Soldaten hervor, die verlangten, dass man ihre Rolle als Verteidiger des Vaterlandes anerkannte. Die Furcht vor einem neuen Staatsstreich stellte die zerbrechliche Demokratie auf eine harte Bewährungsprobe und machte deutlich, dass die Streitkräfte, die seit 1930 daran gewöhnt waren, die staatlichen Institutionen zu kontrollieren, noch nicht von der Bühne abgetreten waren, sondern nach wie vor Furcht verbreiteten.«

Es sollte noch fast bis zum Beginn des neuen Jahrtausends dauern, ehe sich im *Cono Sur,* den sechs lateinamerikanischen Staaten, die südlich vom Wendekreis des Steinbocks liegen (Argentinien, Falklandinseln, Chile, Uruguay, Paraguay und Brasilien), die ersten Anzeichen wirklicher

Gerechtigkeit andeuteten. Viele Prozesse sind bis auf den heutigen Tag nicht abgeschlossen.

Die Leidensgeschichte nach Capitano Astiz

Die nicht »linientreuen« Christen gerieten automatisch in den Fokus. Gegen sie hatte die Militärjunta, angefangen bei den Geheimdiensten bis hin zu den paramilitärischen Einheiten, ihre besten Leute in Stellung gebracht. Ein Zeichen dafür, dass Videla und seine Getreuen auch im Inneren der kirchlichen Hierarchie mit Mitläufern und Mittätern rechnen konnten. Die Geschichte der Gruppe von Santa Cruz, die wir hier erzählen wollen, zeigt anschaulich, welches Klima und welche Gefahren die Gemeinschaften der argentinischen Kirche von außen wie von innen bedrohten. Es ist ein erschreckendes Beispiel für die Risiken, die Bergoglios Schützlinge und der Jesuitenprovinzial selbst eingingen, um Menschen vor der Unterdrückungsmaschinerie der Junta zu bewahren. Es ist eine von vielen dunklen Seiten in der Zeit des Staatsterrorismus, zu der Kardinal Bergoglio 2010 im Rahmen seiner Zeugenaussage vor den argentinischen Richtern (die wir im Anhang veröffentlichen) Stellung genommen hat.

Mit teuflischem Geschick war es einem Spion gelungen, sich das Vertrauen der Angehörigen jener *Desaparecidos* zu erschleichen, die sich in der Kirche Santa Cruz trafen. Gustavo Niño, unter diesem Namen kannten sie ihn, der blonde Engel mit den blauen Augen, wie man sie in dieser Gegend selten sah, und dem Gesicht eines wohlerzogenen Schülers, aufgewachsen zwischen Elternhaus und Kirche. Er erzählte von einem Bruder, auch er ein *Chupado*, verschwunden in irgendeinem Schlachthaus der Regierung.

In der Gemeinde nannte man den hübschen Gustavo liebevoll *Rubito,* den kleinen Blonden. Nicht selten sah man Niño auf dem Kirchplatz oder im Garten neben der Kirche stehen und mit den Müttern oder mit den Nonnen plaudern. Der liebe Junge teilte nicht nur ihre Sorge um das Schicksal der *Desaparecidos,* sondern auch ihren Zorn gegen die Männer der Militärjunta. Ehe er sich auf den Heimweg machte, sprach der *Rubito* ihnen Mut zu. Dann umarmte er sie zum Abschied und drückte ihnen einen Kuss auf die Wange.

Erst viel später sollten die Gläubigen von Santa Cruz das andere Gesicht von *Rubito* kennenlernen. Sein Mitgefühl war falsch, sein Kuss ein Judaskuss: das verabredete Zeichen, um den Geheimagenten der Marine die Personen anzuzeigen, die sie »schlucken«, also verschwinden lassen sollten.

Gustavo Niño hieß in Wirklichkeit Alfredo Astiz und war Offizier der argentinischen Militärmarine. Zu seinen Opfern zählen zwei französische Ordensschwestern, Léonie Duquet und Alice Domon – für dieses Verbrechen hat man Astiz in Paris den Prozess gemacht – sowie Azucena Villaflor, die Mitbegründerin der *Madres de Plaza de Mayo,* und der Journalist und Schriftsteller Rodolfo Walsh, einer der schärfsten Ankläger des »Prozesses der nationalen Reorganisation«.

Bei einem seiner Auftritte vor Gericht ließ sich der ehemalige Fregattenkapitän in bühnenreifer Pose ablichten, während er in einem Buch las; es trug den Titel *Volver a matar* – »Von Neuem töten«. Nur eine von unzähligen Provokationen.

Zur Zeit der Diktatur hatte er eine Mission: jenen Teil der Kirche zum Schweigen zu bringen, der beschlossen hatte, vor den Uniformen der Generäle nicht in die Knie zu gehen. Einige Monate nach dem Putsch von 1976 gelang es Astiz, das Vertrauen der Gruppe von Santa Cruz zu gewinnen – in der schönen Heilig-Kreuz-Kirche in Buenos Aires vermutete die Junta ein Nest von Umstürzlern. Die Unterschrift von Gustavo Niño findet sich sogar unter einer Petition zur Freilassung von Häftlingen, die die Menschenrechtsorganisationen am 10. Dezember 1977 in der Tageszeitung *La Nación* hatten veröffentlichen lassen. Niño begleitete die Aktivisten zu den Versammlungen, die sie in der Kirche Santa Cruz im halbzentralen Viertel San Cristóbal abhielten. So sehr verließen sie sich auf den blonden Gustavo, dass sie ihm sogar die Pfadfindergruppe der Gemeinde anvertrauten. Er spielte seine Rolle mit zynischer Professionalität. Die Urteilsbegründung des Kassationsgerichtshofs in Rom, der den argentinischen Offizier für das Verschwinden dreier italienischer Auswanderer verantwortlich machte, fasst das Profil des Todesengels treffend zusammen: »Leutnant Astiz, der im *Grupo de tareas 3.3.2* [als »Arbeitsgruppen« wurden im Jargon der argentinischen Militärdiktatur die Entführungskommandos bezeichnet, *A. d. R.*] den Dienstgraden und untergeordneten Militärs gegenüber Befehlshaberfunktionen ausübte und auch mit den höherrangigen Offizieren maßgeblich zusammenarbeitete, beteiligte sich in vollem Bewusstsein und in verbrecherischer Mittäterschaft an der Inbetriebhaltung des Geheimgefängnisses, in dem die drei Opfer für die Dauer ihrer Gefangenschaft festgehalten wurden.«

Auch *El Rubito* selbst lieferte eine recht genaue Beschreibung seiner selbst – doch das war nur ein Trick, um sich für jedes begangene Verbrechen zu rechtfertigen, als ob seine Ausbildung ihn von der Pflicht entbunden hätte, sich seines Gewissens zu bedienen: »Ich sage, dass sie mir in der Armee beigebracht haben, zu zerstören. Sie haben mir nicht beigebracht, aufzubauen, sie haben mir beigebracht, zu zerstören. Ich weiß, wie man Minen und Bomben benutzt, ich kann infiltrieren, ich kann eine Organisation entwaffnen, ich kann töten. All das kann ich gut. Ich sage immer, ich bin ein Tier, aber einen klugen Schritt habe ich in meinem Leben doch getan: Ich bin zur Armee gegangen.«

Da ist etwas Wahres dran. Doch wenn man genauer hinsieht, ist das falsche Spiel von Alfredo-Gustavo leicht zu durchschauen. Er stellte es so dar, als ob er die Uniform angelegt und im selben Augenblick seine Menschlichkeit abgestreift hätte und zu einer Art Automat geworden wäre. So wollte er sich aus der Geschichte herauswinden.

Der Trick funktionierte jedoch nicht. Trotz aller Protektionsmaßnahmen, gerade rechtzeitig abgeschaffter Immunitätsbeschränkungen und Versuche, die Prozesse zu beeinflussen und zu verfälschen, wurde *El Rubito* vom Gerichtshof von Buenos Aires verurteilt, und so ist er dem Gefängnis nicht entgangen.

Die italienische Justiz kommt zu dem Schluss, dass »die kriminelle Kerkerstruktur zu ihren institutionellen Zwecken auch das heimliche Beseitigen der Verschleppten rechnete, denen der Gehorsam gegenüber dem diktatorischen Regime nach Einschätzung der Gefängnisaufseher nicht beizubringen war. Der Anteil dieser ›Unbelehrbaren‹ unter den Gefangenen betrug in etwa 20 %. Der Angeklagte hat einer Zeugin überdies anvertraut, dass man manchmal auch aus Gründen der Überbelegung zum Mittel der Hinrichtung (durch Abwurf aus einem in großer Höhe über dem Atlantik fliegenden Flugzeug) gegriffen habe, wenn das Gefängnis nicht über die notwendigen Kapazitäten verfügte, um neue Häftlinge aufzunehmen.«

Am Heiligabend des Jahres 1977 beschloss die Junta, dass die »Umstürzler« von Santa Cruz (es handelte sich mehrheitlich um Frauen) eliminiert werden sollten. Sie waren in ihren Augen ein schlechtes Vorbild für die anderen katholischen Gemeinden. Der Kathofaschismus Videlas und seiner Getreuen konnte sich keine Erdrutsche leisten. Astiz-Niño betrieb sein doppeltes Spiel bereits viel zu lange. Von einem Moment zum anderen konnte seine Tarnung auffliegen, und dann würden die Aktivisten im ganzen Land begreifen, dass das Regime überall seine Spitzel hatte.

Schon einmal hatte er mehr riskiert, als er musste. Am ereignisreichen Morgen des 26. Januar 1977 verhaftete die Einheit *Grupo de Tareas 3.3.2* Norma Burgos, die Frau eines führenden Mitglieds der *Montoneros.*[3] Danach versteckte sich die von Astiz kommandierte Einheit in Norma Burgos' Haus, um auf María Berger, eine weitere führende *Montonera,* zu warten, deren Ankunft für den folgenden Tag vorgesehen war. Um 8:30 Uhr am Morgen kam Normas Freundin Dagmar Hagelin, eine 17-jährige Schwedin, vorbei, um Norma zu besuchen. Groß, blond, blaue Augen – die Milizen waren sicher, María Berger vor sich zu haben. Sobald das Mädchen den Garten betrat, sprangen Astiz und seine Leute mit gezückter Waffe auf sie zu. Doch Dagmar reagierte instinktiv. Sportlich und gut trainiert, wie sie war, rannte sie blitzschnell los und entkam auf die Straße. Astiz und ein Obergefreiter namens Peralta liefen hinter ihr her. Sie schrien sie an, sie

[3] Die peronistische *Montoneros*-Bewegung war eine argentinische Guerillaorganisation sozialistischer Prägung, die in den 70er-Jahren aktiv war. Sie wurde von der Diktatur praktisch ausgemerzt.

solle stehenbleiben. Sie wollten sie lebend, um sie nach ihren Methoden zu verhören. Dagmar Hagelin lief schneller als die Angst. Sie hatte nichts zu verbergen, aber sie ahnte, was mit ihr geschehen würde, wenn es ihr nicht gelang, die Verfolger abzuschütteln.

Dagmar machte einige Meter gut, aber die Offiziere waren bewaffnet. *El Rubito* schoss, die Kugel streifte sie am Kopf, und das Mädchen fiel hart aufs Straßenpflaster. Die Militärs stoppten ein Taxi und warfen die Schwedin in den Kofferraum. Dagmar Hagelin blutete, wie Augenzeugen später berichteten, aber sie lebte und war bei Bewusstsein. Mit der wenigen Kraft, die ihr noch blieb, versuchte sie zu verhindern, dass sie den Kofferraumdeckel zuschlugen. In der ESMA wurde sie noch lebend gesehen. Seit März 1977 hat man nie wieder etwas von ihr gehört.

Nach dieser Aktion verhielt Astiz sich so unauffällig wie möglich. Und dann, mitten im Advent des Jahres 1977, ging die *Grupo de Tareas 3.3.2* schließlich gegen die Heilig-Kreuz-Kirche vor. Sie verschleppten die ganze »Bande«: Azucena Villaflor, Ester Balestrino, María Ponce (die drei Gründerinnen der *Madres de Plaza de Mayo*), die französischen Ordensschwestern Alice Domon und Léonie Duquet sowie die Menschenrechtsaktivisten Angela Auad, Remo Berardo, Horacio Elbert, José Fondevilla, Eduardo Horane, Raquel Bulit und Patricia Oviedo.

Zwischen dem 8. und dem 10. Dezember 1977 wurden etwa zehn Personen, die mit den *Madres de Plaza de Mayo* in Verbindung standen, »geschluckt«. Azucena Villaflor wurde verschleppt, als sie gerade zum Kiosk eilte, um die aktuelle Ausgabe der Tageszeitung *Nación* zu kaufen, die an jenem Tag einen Appell an die Institutionen veröffentlichte: *»Por una Navidad en paz solo pedimos verdad«*

(»Für ein friedliches Weihnachtsfest fordern wir nur die Wahrheit«).

Während dieser Operation spielte Astiz seine Rolle in der Gemeinde weiter und umarmte und küsste die »subversiven Elemente«, die bei der ersten Razzia verschont geblieben waren. Danach hörte man nichts mehr von ihm. Die Schlange hatte ihre Aufgabe erfüllt – so gut, dass der Name Gustavo Niño sogar noch jahrelang auf den Listen der Verschwundenen stand.

»Noch in den Augenblicken des schlimmsten Schmerzes«, so berichtete Lisandro Raúl Cubas, ehemaliger Insasse des in der Technikschule der Marine (ESMA) eingerichteten Geheimgefängnisses, der CONADEP[4], »fragte Schwester Alice [Domon, *A. d. R.*], die sich in der ›*Capucha*‹ befand [einer Art finsterem Loch ohne Fenster, das in der ESMA als Isolationszelle diente, *A. d. R.*], nach dem Schicksal ihrer Mitgefangenen und erkundigte sich – ironisch – sogar besonders nach dem ›blonden Bürschchen‹, der niemand anderes war als der Fregattenleutnant Astiz.«[5]

Offenbar wurde die gesamte Gruppe von Santa Cruz ausgelöscht. Nach dem makabren Folterprogramm entledigte man sich der Opfer per Todesflug. Ende 1977 wurden einige der Leichen an einem Strand entdeckt und in aller Eile auf dem Friedhof der Ortschaft General Lavalle im entlegenen waldlosen Hinterland der Bucht von Samborombón, 300 Kilometer südlich von Buenos Aires, ver-

---

[4] Abkürzung für »Comisión Nacional sobre la Desaparición de Personas« (Nationale Kommission zur Untersuchung des Verschwindens von Personen).

[5] Aus: Nie wieder! Ein Bericht über Entführung, Folter und Mord durch die Militärdiktatur in Argentinien. Herausgegeben vom Hamburger Institut für Sozialforschung, Weinheim und Basel (Beltz) 1987, S. 182.

scharrt; ihre Gräber trugen die Namensinschrift N. N. Jahre später wurden fünf der Opfer identifiziert und im Garten der Kirche beigesetzt.

Das Leben eines Chupado

»X96« war zur Zeit der Diktatur ein Techniker der nationalen Atomenergiekommission. 1977 wurde er entführt, und die Schinder der ESMA versuchten, sich seine Physikkenntnisse zunutze zu machen, um ihre Foltermethoden zu verfeinern. »X96« hat vier Jahre als *Chupado* gelebt: als einer, der von der Unterdrückungsmaschinerie »geschluckt« worden war. Er ist einer der wenigen, die noch leben und erzählen können, was es hieß, ein *Desaparecido* zu sein. Als Mensch trug er den Namen Mario Villani.

»Von dem Moment an, in dem du entführt wurdest, warst du ein *Desaparecido:* Für deine Familie, für deine Freunde und für deine Arbeitskollegen hörtest du von einem Tag auf den anderen auf zu existieren. Ich bin am Morgen des 18. November 1977 verschleppt worden. Ich war insgesamt in fünf geheimen Haftzentren eingesperrt: dem Club Atlético, dem Banco, dem Olimpo, der Untersuchungsbrigade in Quilmes und der ESMA«, so seine Aussage beim Prozess gegen General Guillermo Suárez Mason.

Das »Drehbuch« für ihn war schon geschrieben: »*Desaparición* – Folter – Tod. Die Mehrheit der *Desaparecidos* verbrachte Tag und Nacht mit einer Kapuze über dem Kopf, in Ketten und mit verbundenen Augen in einer Zelle, die so eng war, dass sie ›Röhre‹ genannt wurde.«

Aus der Röhre kam man nur heraus, wenn man zum »Chirurgen« ging. Mit medizinischer Versorgung hatte das jedoch nichts zu tun. Wenn man den »OP« wieder verließ, stank der Raum nach geronnenem Blut und Desinfektionsmitteln. Der »Chirurg« war der Folterer. Danach schließlich landete man bei den *Trasladados,* das heißt, man wurde »verlegt«. Eine Befreiung: Das Exekutionskommando würde den Schmerzen ein Ende bereiten.

»Abgesehen von der physischen Folter während der Verhöre war das Leben in den Zentren eine ständige psychologische Folter. Die tägliche Behandlung«, erinnert sich Villani, »war extrem demütigend. Wenn du ankamst, gaben sie dir eine Nummer (meine war X96), die wir Häftlinge auch untereinander benutzen mussten.

1978, gegen Ende des Jahres, war ich im Garaje Olimpo, einem der geheimen Haftzentren, und zweimal tauchte General Suárez Mason dort auf. Ich arbeitete in der Elektrowerkstatt; die hatte ich für sie einrichten müssen, um die Haushaltsgeräte zu reparieren, die sie bei Plünderungen aus den Häusern der Verschleppten gestohlen hatten; ›Kriegsbeute‹ nannten sie das. Als Suárez Mason die Werkstatt betrat, wollte er zwei Dinge wissen: Erstens, wie er die Störsender der *Montoneros* lokalisieren, und zweitens, wie er selbst ähnliche Störungen produzieren könne. Die Antwort war reichlich einfach, aber ich machte alles sehr kompliziert, sodass er alle Pläne wieder aufgab. Im Januar 1979 wurde beschlossen, das Olimpo zu räumen, das heißt, etwa 100 Personen zu ›verlegen‹. Ich wurde mit acht anderen Häftlingen in die Untersuchungsbrigade in Quilmes verlegt.« X96 war einer der wenigen, die diese Art der »Verlegung« überlebt haben.

Das Schlimmste für einen Häftling war zu erfahren, dass auch seine Frau, eine Tochter oder eine Schwester verhaftet worden waren. Viele *Chupados* sagten aus, sie seien von Offizieren gefoltert worden, die ihnen während des Verhörs erzählten, sie hätten sich gerade mit ihrer Frau vergnügt, das heißt, sie vergewaltigt. Die Frauen hatten keine Wahl: »Mach kein Theater, sonst bringen wir deinen Mann um.« Später erlaubten es die Militärs den Häftlingspaaren von Zeit zu Zeit, sich zu treffen und miteinander zu reden. Den Männern genügten einige wenige Fragen, um zu wissen, dass alles wahr war. Um weitere Vergewaltigungen zu verhindern, ließen sie sich danach meistens auf eine gewisse Form der Zusammenarbeit ein. Eine Zeit lang wurde in die ESMA jeden Abend ein neues verliebtes Pärchen eingeliefert.

Die Elternfabrik

»Nicht durchschneiden, schneiden Sie die Nabelschnur nicht durch!« Es waren keine Freudentränen. Und es war nicht der Schmerz der Geburt, der sie zur Verzweiflung trieb. Fest drückte sie das blutverschmierte Neugeborene an ihre Brust. Noch einmal schrie sie mit aller Kraft, die ihr geblieben war. »Nehmt mir mein Kind nicht weg!«

Es kam, wie es kommen musste. Sara Solarz de Osatinsky hat es in ihrer Zeugenaussage in einem der Prozesse gegen die Befehlshaber der Streitkräfte erzählt. Sie hat die Hölle der *Escuela* beschrieben und wie die Kinder aus den Armen ihrer Mütter gerissen wurden.

Saras Aussage trug entscheidend dazu bei, dass 30 Jahre nach den Ereignissen der Marineoffizier Jorge Acosta, genannt »der Tiger«, und mit ihm auch Leutnant Alfredo Astiz verurteilt werden konnten: der »blonde Engel«, der die Aktivisten aus der Kirche Santa Cruz in Buenos Aires infiltriert hatte.

Solarz de Osatinsky, die Frau eines Befehlshabers der Revolutionstruppen, der von der Junta eliminiert worden war, Mutter zweier im Alter von 15 und 18 Jahren getöteter Söhne, war auf offener Straße entführt worden. Ehe sie in der ESMA in eine Zelle geworfen wurde, hatten sie sie ausgezogen und verprügelt.

Wer einmal in einem der Folterzentren gelandet war, kam nur selten lebend wieder heraus. Man schätzt, dass allein in der ESMA, dem Symbol der Diktatur schlechthin, etwa 5.000 Personen interniert waren. Nur 200 von ihnen haben das Sonnenlicht wiedergesehen.

»Es war wie ein riesiger Sarg«, sagte Solarz während des Prozesses, als sie die Hölle des Isolationstrakts im Frauengefängnis beschrieb. »Alles war aus Holz. Die Decke war so niedrig, dass wir liegen mussten. Unter uns war ein hochschwangeres Mädchen. Später habe ich erfahren, dass sie Ana Rubel de Castro hieß. Als sie ihr Kind zur Welt brachte, gab es das Gebärendenzimmer noch nicht. Sie haben das Neugeborene sofort weggebracht. Sie hat mich immer wieder gefragt, ob er irgendwelche besonderen Merkmale gehabt hätte, an denen sie ihn erkennen könne, wenn sie wieder draußen wäre.« Beinahe 40 Jahre sind seither vergangen. Ana und ihr Kind sind *Desaparecidos.* Sie wurde ermordet, keiner weiß, wo, und das Kind auf höheren Befehl hin zur Adoption weitergegeben.

Mit schamloser Ironie nannten die Militärs das Gebärendenzimmer in der ESMA »die kleine Sardá« – die »*Maternidad Sardá*« war das bekannte städtische Krankenhaus von Buenos Aires. Frauen, die ein Kind erwarteten, wurden aus den Haftlagern der anderen Landesteile in die ESMA deportiert. Sara war keine Hebamme, aber sie hat 15 unglücklichen Frauen geholfen, Kinder zu gebären, die sie nie wiedersehen und die ihre wirklichen Eltern nie kennenlernen sollten. »Vier Betten standen dort. Das erste Mal bin ich mit Maria Pichona hingegangen. Sie wollte, dass ich bei ihr blieb. Das Klirren der Ketten mischte sich mit dem Weinen des gerade geborenen Kindes. Als sie es wegbrachten, fing sie an zu schreien: ›Warum lassen sie mich nicht bei meinem Kleinen sein? Warum?‹ Das war alles, was sie tun konnte.«

Dank dieser Aussage und dank der Beharrlichkeit der *Abuelas* (der Großmütter von der Plaza de Mayo) kennen 150 dieser Kinder – die meisten wurden von den Familien kinderloser Militärs adoptiert – inzwischen ihre wahre Identität. Mindestens 400 aber wurden bis auf den heutigen Tag nicht wiedergefunden.

Victoria Donda Pérez ist es immerhin gelungen, das Schicksal ihrer eigentlichen Familie zu rekonstruieren. Sie kam in der ESMA zur Welt, wo ihre Eltern gefoltert und ermordet wurden. Ihre Mutter wurde nach der Geburt zum Schweigen gebracht – im Beisein eines Onkels, der Mitglied der Geheimpolizei war und später vor Gericht gestellt wurde. Ehe man sie zum Schafott brachte, gelang es der Frau, die Ohrläppchen des neugeborenen Kindes zu durchstechen und einen blauen Faden hindurchzuziehen – ein Wiedererkennungszeichen. Victoria wurde von der Familie eines Militärangehörigen adoptiert und bekam dort den Namen Analía. Erst 27 Jahre später sollte die junge Frau dank einer anonymen Zeugenaussage und mit der Hilfe der Großmütter von der Plaza de Mayo ihre wahre Identität entdecken.

»In meiner Geschichte«, erklärte Victoria bei der Verhandlung gegen den Onkel, »hat es schmerzliche Momente gegeben. Das Schlimmste war, als ich begriff, dass ich die

Tochter von *Desaparecidos* war und dass der Bruder meines Vaters anwesend war, als sie meine Mutter folterten.«

Das war das Argentinien, in dem Jorge Mario Bergoglio 1973 Provinzial der Jesuiten geworden war: ein Labyrinth aus Zerrspiegeln, in dem jeder jedem misstraute und aus dem es keinen Ausweg zu geben schien. Ein Land, das in die schlimmsten Hände gefallen war und in dem die Opportunisten und Karrieristen der letzten Stunde wie Pilze aus dem Boden schossen. Der Staatsstreich der Männer in Graugrün hatte die Karten neu gemischt und unbedeutende Figuren an die Macht gebracht. Diebe, Ex-Sträflinge, Kleinkriminelle und Mitläufer. Für manche war das wie ein Sechser im Lotto: Endlich hatte man die Chance auf ein bisschen Respekt! Es war einer dieser Momente, in denen man die Trümmer eines gescheiterten Lebens beiseite räumen konnte. Man musste sich nur einreihen und durfte nie in die entgegengesetzte Richtung marschieren. Viele wechselten lediglich die Kleidung und stahlen, schlugen und vergewaltigten weiter. Eine Uniform verwandelte Gauner in Staatsmänner. Vor ihnen musste man sich hüten. Doch mit genau diesen Leuten bekam man es zu tun, wenn man unschuldige Leben retten wollte.

Bergoglio half den Opfern – andere Kirchenmänner kollaborierten

»Die Geschichte der argentinischen Kirche ist kein Bett aus Rosen. Und die argentinische Geschichte erst recht nicht. Nur wenige hatten eine weiße Weste. Und noch wenigere waren wirklich unschuldig. Mit ihrem Monopolanspruch auf die ›katholische Nation‹ hat diese Kirche sich lange Zeit an den Staat und innerhalb des Staates an die Männer in Uniform geklammert. Dass Perón und mit ihm der Populismus an die Macht kam, hat sie ja zunächst durchaus begrüßt. Was nicht heißt, dass sie beides nicht bekämpft hätte, als sie sie dann mit ihren totalitären Windungen umschlangen und zu erdrücken drohten. Danach diente die Kirche den Militärregierungen, die auf den Sturz Peróns folgten. Und so verstanden sich die Kirche und die Streitkräfte lange Zeit als Bollwerke der Ordnung und versuchten mit allen Mitteln zu verhindern, dass sich Ideen ausbreiteten, die dem *Ser nacional* »fremd« waren: jenem Wesenskern der Nation, zu deren Hüter sie sich aufgeschwungen hatten und der keinerlei Abweichung duldete. Vor einem solchen Hintergrund versteht es sich von selbst, dass die Verantwortung schwer auf den Schultern der argentinischen Kirche lastet. Und dass sie Leichen im Keller hat. Nachdem der furchtbare Sturm dieser Jahre der Gewalt vorüber war, hat sie als Erste die Sprache darauf gebracht und um Vergebung gebeten, reflektiert und aufrichtig.« Das Urteil von Professor Loris Zanatta ist schonungslos. Der Dozent für lateinamerikanische Geschichte an der Universität von Bologna hält es für unabdingbar, sich auf der Grundlage einer realistischen Rekonstruktion des sozialen und politischen Kontextes einige Fragen zu stellen: »Hat all das die Kirche zu einer Mitwisserin und Mittäterin des Videla-Regimes gemacht? Teilweise ja. Sicherlich hat es einige Bischöfe gegeben und noch mehr Militärgeistliche, die sich dessen schuldig gemacht haben. Und es war die Last dieser langen Geschichte, die die Kirche veranlasste, niemanden öffentlich anzuklagen und auf geheimen Wegen mit dem Regime zu verhandeln. Muss man diese kollektive Verantwortung also auf jeden Einzelnen übertragen, auf jeden Priester, Bergoglio inbegriffen? Ganz sicher nicht.«

Es waren Zeiten ausgeprägter Gegensätze. Die Familien waren gespalten. Die Politik war gespalten. »Die argentinische Kirche war damals so zerrissen, dass sie geradezu implodiert zu sein schien: Alles, was der eine Teil tat, erregte den Hass des anderen Teils. Und dann«, so Zanatta weiter, »sind da die Erinnerungen derer, die damals mit Bergoglio zu tun hatten. Vom Nobelpreisträger Pérez Esquivel bis zur Exministerin Fernández Meijide. Beide waren der Kirche zur damaligen Zeit nicht besonders gewogen, und doch entlasten sie den jetzigen Papst. Und nicht nur das: Was man ihm vorwirft, so sagen sie, also dass er zwei Priester den Klauen des Regimes überlassen haben soll[6], entspreche nicht der Wahrheit. Hand aufs Herz: Ich für meinen Teil kann versichern, dass die Jesuiten, deren Provinzial Bergoglio in

---

[6] Vgl. die Anmerkung auf S. 71 und das Kapitel »Der Fall Jalics-Yorio« auf den Seiten 83–92.

Argentinien war, Videla gegenüber nichts unversucht ließen, um ihre Freilassung zu erwirken.«

Es war eine Epoche der Barbarei. Und die internationale Gemeinschaft sah wieder einmal zu. Die Diktatur tötete viele Unschuldige. Und auch die, die nicht unschuldig waren, erfuhren nicht die Gerechtigkeit, die sie verdient gehabt hätten.

»Auch die Guerilla der *Montoneros* hat Menschen umgebracht«, gibt Zanatta zu bedenken. Dass man sich für den Weg der Gewalt entschied, hat den Militärputsch mit verursacht. Die Revolutionäre glaubten, dass das Volk sich erheben würde, doch sie hatten sich geirrt. Die große Mehrheit der Argentinier war nach Jahren der Gewalt und der Ideologie zu erschöpft, um auf Videlas Machtergreifung überhaupt zu reagieren.

Was vielleicht nur wenige wissen: Viele *Montoneros* waren Katholiken. »Auch sie hatten ihre tapferen Kapläne, die ihnen die Waffen segneten. Und viele Priester, die durch das revolutionäre Klima aufgestachelt waren, bekannten sich ausdrücklich zur Sache der *Montoneros:* Sie waren militante Politiker im Priesterkleid. Gegen sie«, so Zanatta, »ging die Diktatur besonders bestialisch vor. So zerrissen waren das Land und die Kirche. Und so tief war der Abgrund, in dem Argentinien versank. Was die Revolutionäre von damals – von denen heute nicht wenige in den Zimmern der Macht sitzen – Bergoglio nicht verzeihen, ist dasselbe, was sie auch der Kirche nie verziehen haben: dass sie 1955 Perón gestürzt hatte und auch heute immer wieder den Kirchnerregierungen die Stirn bietet. Dabei vergisst man, dass der Peronismus zwar populär, aber eben auch totalitär war und dass die Kritik, die der Erzbischof von Buenos Aires in den letzten Jahren an der argentinischen

Regierung geübt hat, nichts anderes ist als der Preis für eine gesunde Demokratie.«

Auch das steht hinter den Angriffen, die gegen Bergoglio geführt werden – »in der eindeutigen Absicht, ihn im Netz der Vergangenheit zu fangen und so zu diskreditieren. Die vielen, die mit dem Finger auf den Splitter im Auge des anderen zeigen, ohne den Balken im eigenen Auge wahrzunehmen, werden es nun jedoch nicht mehr mit dem verhassten Erzbischof, sondern mit dem Papst zu tun haben. Es mag Publicity bringen, den Heiligen Vater grundlos zu attackieren, aber es kann auch zu einem Bumerang werden.«

Folterkapläne

Die lebenslange Freiheitsstrafe, die am 10. März 2007 gegen Christian von Wernich, den ehemaligen Polizeikaplan von Buenos Aires, verhängt wurde, ließ die Kontroversen über die Rolle der katholischen Kirche in den Jahren des Militärregimes (1976–1983) wieder aufleben.

In ihrer Stellungnahme zu dem Urteil rief die Diözese Buenos Aires, der von Wernich angehört hatte, zu »Vergebung und aufrichtiger Reue« auf.

»Wir beten für ihn, auf dass Gott ihm helfen und ihm die nötige Gnade schenken möge, um den Schaden, den er verursacht hat, zu begreifen und anzuerkennen«, konnte man in einer Notiz des Erzbistums lesen. »Der Schmerz, den wir empfinden, weil ein Priester an schwersten Verbrechen beteiligt war«, so hieß es in der von Kardinal Bergoglio unterzeichneten Verlautbarung, mache eine »Versöhnung« erforderlich und – dieser Punkt wurde besonders betont – Argentinien müsse sich »sowohl von der Straffreiheit als auch vom Hass als auch vom Groll« befreien.

»Es gab Fälle von Mittäterschaft wie bei von Wernich, es gab aber auch viele Priester, die sich nicht einschüchtern ließen und gegen das Schreckensregime gekämpft haben«, erinnert sich Angela Boitano, Mutter zweier *Desaparecidos*. In den schwarzen Büchern des »Schmutzigen Krieges« (des Staatsterrorismus, unter dem Argentinien während des Militärregimes zu leiden hatte) sind mindestens 24 hingerichtete oder verschwundene Priester und Ordensleute verzeichnet. Zu ihnen gehörten, wie wir noch sehen werden, auch Bischof Enrique Angelelli und die Gruppe der Pallotinerpatres, die zwischen 1976 und 1977 ermordet wurden – von den unzähligen Geistlichen, die man verhaftete und verhörte, ganz zu schweigen.

Einen Überblick über die Verstrickungen der Kirchenvertreter bot der dramatische abschließende – wenngleich nicht endgültige – Bericht *Nunca más*, der 1984 von der CONADEP veröffentlicht wurde, der *Comisión Nacional sobre la Desaparición de Personas* (»Nationale Kommission zur Untersuchung des Verschwindens von Personen«), die nach ihrem Vorsitzenden, dem Schriftsteller Ernesto Sabato, auch die Sabato-Kommission genannt wurde.[7] Diese Kommission war Anfang der 80er-Jahre auf Wunsch des gerade gewählten Staatsoberhaupts Raúl Alfonsín eingerichtet worden, um die während der Diktatur begangenen Verbrechen aufzuklären.

---

[7] In Deutschland im Beltz Verlag erschienen unter dem Titel: CONADEP: Nie wieder! Ein Bericht über Entführung, Folter und Mord durch die Militärdiktatur in Argentinien, Weinheim/Basel 1987.

Ein ganzes Kapitel ist dem »Verhalten einiger Mitglieder der Kirche« gewidmet.

»Der argentinische Episkopat hat die von unserer Kommission untersuchte Art und Weise der Repression wiederholt verurteilt«, so die Vorbemerkung. »Nach dem Staatsstreich vom 24. März 1976 waren noch keine zwei Monate vergangen, als die Hauptversammlung der Bischofskonferenz die angewandten Methoden schon als ›Sünde‹ bezeichnete. Im Mai 1977 veröffentlichte sie im gleichen Sinne eine strenge Verlautbarung, der Schreiben an die Mitglieder der Militärjunta vorangingen.«[8]

Während die Position der Kirche also hinreichend klar schien, gab es »leider [...] Angehörige des Klerus, die durch ihre Anwesenheit, ihr Schweigen und sogar durch rechtfertigende Äußerungen eben diese Vorfälle, die das Episkopat verurteilt hatte, unterstützten.«[9]

»Aus unserer überaus umfangreichen Dokumentation [7.380 Dossiers] geht hervor, dass die Menschenrechte durch Organe der Streitkräfte und mit staatlicher Billigung verletzt wurden. Und das nicht sporadisch, sondern systematisch [...]. Muss man hierin nicht einen von der Führungsspitze der Armee geplanten Terror sehen?«[10]

Ehe der Abschlussbericht vorlag, ging die CONADEP von 8.960 verschwundenen Personen aus, denen erstmalig auch 24 Ordensleute – »Opfer der Repressalien« – und eine noch nicht näher bestimmte Zahl katholischer Laien zugerechnet wurden, die heimlich verschleppt worden und nie wieder aufgetaucht waren.

---

8 Ebd., S. 139.

9 Ebd.

10 Ebd., S. 13.

Es sollte Jahre dauern, bis man zu einer Schätzung von mindestens 30.000 »Geschluckten« gelangte, was man für eine weitaus glaubwürdigere Zahl hielt.

»Es fing mit der Entführung der Opfer durch Mitglieder der Sicherheitskräfte an, die ihre Identität verbargen. Die entführte Person wurde in eines der damals ungefähr 340 geheimen Haftlager gebracht. [...] Diese Geheimlager wurden von hohen Offizieren der Streit- und Sicherheitskräfte geleitet. Die Gefangenen wurden dort unter menschenunwürdigen Bedingungen festgehalten. Sie waren jeglicher Art von Folter und Erniedrigung ausgeliefert.«[11]

»Das nachgewiesene Ausmaß der Anwendung der Folter in diesen Zentren und der von den Folterern praktizierte Sadismus sind erschütternd. [...] Es liegen mehrere Anzeigen vor, denen zufolge Kinder und Alte gemeinsam mit ihren Familienangehörigen gefoltert wurden, damit diese die von ihren Entführern geforderte Information preisgaben.«[12]

Die Zeugenaussagen, die Mitglieder des Klerus betreffen, sind dramatisch. Julio Alberto Emmed erzählte mit gesenktem Kopf, welche Rolle er bei den Ereignissen um jenen Militärkaplan gespielt hatte, der später zu einer Gefängnisstrafe verurteilt wurde. »1977 diente ich als Beamter der Polizei der Provinz Buenos Aires. Ende 1977 oder Anfang 1978 wurde ich ins Amtszimmer des Hauptkommissars gerufen, wo Pater Christian von Wernich in der Anwesenheit von ... war [...] Bei einer anderen Gelegenheit erklärte man uns, man wolle aus der Brigade von La Plata drei ›gebrochene‹ Subversive holen, die mit der

---

11 Ebd., S. 247.

12 Ebd.

Repression zusammengearbeitet hatten, um ins Ausland gebracht zu werden.«[13]

Den drei Unglücklichen war die Freiheit versprochen worden. Eine Falle. »Wir verließen die Kommandantur mit drei Fahrzeugen. Im Sitz der Brigade der Zivilpolizei von La Plata erwartete uns Pater Christian von Wernich, der mit den ehemaligen Subversiven gesprochen, sie gesegnet und eine Abschiedsfeier in eben dieser Brigade für sie veranstaltet hatte. Die Familie (die auf sie in Brasilien warten sollte) hatte ihnen Blumen geschickt. Die drei ehemaligen Subversiven, zwei Frauen und ein Mann, kamen frei heraus, ohne Handschellen. Wir waren für sie einfaches Wachpersonal, das sie zum Flughafen begleiten und an Bord bringen sollte. [...] In dem Wagen, in dem ich fuhr – Fahrzeug Nr. 3 – befand sich Pater Christian von Wernich.«[14]

»Sie wollten in einer Straßenkontrolle durch das Kennwort ›handly‹ nach den Fahrzeugpapieren eines jeden Autos fragen, und dies sollte das Signal sein. Wenn sie zum ›Fahrzeug drei‹ kämen, sollte ich den jungen Mann bewusstlos schlagen. Ich versetzte ihm den Schlag in die Nähe der Kinnlade, aber es gelang mir nicht, dass der junge Mann ohnmächtig wurde.«[15] Der andere Polizist, der mit ihm im Auto saß, »zog die Dienstpistole«. Als der Junge das sah, stürzte er sich auf ihn und kämpfte um sein Leben, »sodass ich gezwungen war, ihn am Hals zu packen, und ich versetzte ihm mit dem Kolben meiner Waffe mehrere Schläge auf den Kopf. [...] Er blutete so stark, dass der Geistliche, der Fahrer und wir beide, die daneben saßen, Blutflecken

---

13 Ebd., S. 139.
14 Ebd.
15 Ebd., S. 140.

abbekamen.«[16] Die drei Wagen fuhren weiter über eine Nebenstraße in ein waldiges Gebiet, wo ein Militärarzt auf sie wartete.

»Die Körper der drei ehemaligen Subversiven, die zu diesem Zeitpunkt noch lebten, wurden ausgeladen. Sie wurden auf das Gras geworfen, und der Arzt gab jedem von ihnen direkt ins Herz zwei Injektionen einer rötlichen Flüssigkeit, die ein Gift enthalten haben musste. Zwei starben, aber der Arzt erklärte alle drei für tot. Sie wurden in den Lieferwagen der Brigade geladen.« In der Zwischenzeit gingen Julio Alberto Emmed und der Kaplan sich umziehen; dann kehrten sie zur Polizeidienststelle zurück. »Dort sprach der Geistliche von Wernich eigens mit mir über den Eindruck, den das Geschehen auf mich gemacht hatte. Er sagte mir, was wir getan hätten, sei notwendig gewesen, es sei eine patriotische Tat gewesen, und Gott wisse, dass es für das Wohl des Landes gewesen sei. Dies sagte er wortwörtlich ...«[17]

Ein anderer Zeuge erzählte der *Comisión Sabato,* in einem der geheimen Haftlager, das *la Casita* (»das Häuschen«) genannt wurde, habe sich ihm eines Tages »nach der ersten Foltersitzung [...] ein Priester« genähert, »von dem ich später erfuhr, dass es Christian von Wernich war.« Der Zeuge ist Luis Velasco, ein Häftling, der der Todesstrafe entronnen ist. »Einmal hörte ich, wie Christian von Wernich einem Gefangenen, der bat, nicht getötet zu werden, antwortete: ›Das Leben der Menschen hängt von Gott, deiner Kollaboration ab.‹«[18]

---

16 Ebd.
17 Ebd.
18 Ebd.

Adelina de Burgos Di Spalatro war eine verzweifelte Mutter. Sie wollte etwas über das Schicksal ihres Sohnes Óscar Carlos Lorenzo erfahren, der mit einigen anderen Studenten verhaftet worden war, und wandte sich an Msgr. Grasselli, den Sekretär des Militärkaplans, »der uns sagte, die jungen Leute befänden sich bei einer Rehabilitationsmaßnahme in ›Häusern‹, die dafür ausgerüstet seien, und dass sie gut behandelt werden würden. [...] Er erklärte, dass Videla die barmherzige Seele gewesen sei, die diesen Plan ausgedacht habe, um nicht die Intelligenz zu verlieren ... Er sagte, die jungen Leute würden von Psychologen und Soziologen betreut, es gebe ein Ärzteteam für ihre Gesundheit, und bei den hoffnungslosen Fällen sei es sehr wahrscheinlich, dass jemand aus Mitleid ihnen eine Spritze gebe, sodass sie für immer einschlafen ...«[19] Ein solches Zentrum zur »Rehabilitierung« der Regimegegner hat es in Wirklichkeit nie gegeben.

Die Liste der Priester, die in dringendem Verdacht standen, mit den Staatskriminellen zusammengearbeitet zu haben, wurde mit jeder Aussage länger. »Im Gefängnis von Caseros wurde ich etwa im März 1980 von dem Requisitionschef zusammen mit dem internen Leiter und in Anwesenheit des Priesters Cacabello mehrmals gefoltert, weil ich mich weigerte, mit ihnen zusammenzuarbeiten ...«[20], erzählte Eusebio Héctor Tejada.

Und der Gewerkschafter Plutarco Antonio Schaller berichtet: »Sonntags suchte mich der Kaplan Pelanda López kurz zu einem kleinen Gespräch in der Zelle auf.«[21]

---

[19] Ebd.
[20] Ebd.
[21] Ebd.

Während einer dieser barmherzigen Unterredungen flehte ein Häftling den Geistlichen an, ihm zu helfen: »Pater, bei den Vernehmungen foltern sie mich schrecklich, und ich bitte Sie, sich für mich einzusetzen, damit sie mich nicht mehr foltern.« Der Priester antwortete: »Nun, mein lieber Sohn, was willst du denn, wenn du mit den Behörden, die dich verhören, nicht zusammenarbeitest.«[22]

Bei einer anderen Gelegenheit sagte der Gewerkschafter zum Kaplan, dass man ihn »unmöglich weiter so foltern könnte«. Der Priester entgegnete: »Sie haben kein Recht, sich über die Folter zu beklagen«[23] – in einem Ton, als hätte er einen notorischen Querulanten vor sich.

Und die Bischöfe – waren sie alle Komplizen?

Einigen Gutgläubigen mochte das Eingreifen des von Diktator Videla angeführten Triumvirats tatsächlich als notwendiges Übel erscheinen, um die Stabilität wiederherzustellen und zu verhindern, dass die Situation eskalierte und ein Bürgerkrieg ausbrach. Anderen – und hier kann von Gutgläubigkeit kaum mehr die Rede sein – erschien sie wie eine bittere Medizin, die man in großen Mengen schlucken musste, um das Gespenst des »Tango-Kommunismus« zu verscheuchen.

Die eitlen Pfauen, die sich vom Regime glänzende Litzen erhofften, erzählten, sie seien ausgezogen, um einen Terrorismus zu bekämpfen, der nicht mehr geduldet werden konnte. In Wirklichkeit schützten sie ihre guten Absichten

---

[22] Ebd., S. 141.
[23] Ebd.

lediglich vor, um mit systematischer Brutalität die Herrschaft über ein ganzes Land an sich zu reißen.

Der gemeinsame Hirtenbrief, den die Bischofskonferenz am 15. Mai 1976 veröffentlichte, hatte eigentlich auf einen dramatischen historischen Wandel hinweisen sollen. Letzten Endes jedoch war dieser Text, weil er zwischen den Positionen zu vermitteln suchte, für das Regime kaum mehr als eine lästige Fliege – und die Bestätigung dafür, dass die Amtskirche nicht in der Lage war, ihre Stimme zu erheben. Aus Angst. Und in manchen Fällen aus Komplizenschaft.

Antonio José Plaza, Erzbischof der Stadt La Plata, hat keinen guten Eindruck hinterlassen. Er wurde beschuldigt, aktiv mit den unterdrückerischen Kräften zusammengearbeitet zu haben. Seine Kritiker warfen ihm vor, an der Verhaftung Dutzender Personen und sogar seines eigenen Neffen, José María Plaza, beteiligt gewesen zu sein. 1976 wurde er zum Polizeidekan der Provinz Buenos Aires ernannt; die dortige Polizei unterstand damals dem sadistischen Colonel Ramón Camps, mit dem er in zahlreichen Haftlagern und Folterzentren zusammen gesehen wurde.

1983, zwei Jahre nach dem Sturz des Regimes und vier Jahre vor seinem Tod, gab Bischof Plaza der Tageszeitung *La Voz* ein Interview. Die Ansicht des Erzbischofs spricht für sich: »Die Verurteilung der Militärregierung ist ein Gegenschlag der Umstürzler. Das, was hier abgehalten wird, ist eine Umkehrung der Nürnberger Prozesse: Die Verbrecher richten über die, die den Terrorismus besiegt haben.«

In den ersten Jahren der Juntaherrschaft gelangten alarmierende Nachrichten nach Rom. Bergoglio – das bestätigten auch seine Mitbrüder am *Colegio Máximo* im Jesuitenzentrum von San Miguel – hat seine Oberen im Generalat der Gesellschaft Jesu regelmäßig informiert. Und man braucht nicht viel Fantasie, um sich vorzustellen, dass diese ihrerseits das Staatssekretariat des Heiligen Stuhls in Kenntnis gesetzt haben.

Papst Paul VI. war aufgrund der Informationen, die ihn erreichten, sehr beunruhigt. Am 20. Januar 1977 empfing er Bischof Plaza im Vatikan und richtete eine Frage an den Kirchenmann, die allein schon deutlich macht, wie besorgt er war: »Ist es wahr, dass in Ihrem Land abscheuliche Exzesse gegen Menschen stattfinden, die sich der neuen Militärregierung widersetzen, aber keine Terroristen sind?« Ganz offensichtlich hatte man in Rom recht präzise Berichte erhalten, die nur noch der Bestätigung des argentinischen Episkopats bedurften.

Plaza reagierte empört: »Nein, nichts von alledem, Heiligkeit! Es handelt sich um falsche und haltlose Darstellungen, die von jenen in Umlauf gebracht werden, die entkommen und nach Europa geflüchtet sind.«

Zweiter Teil

Bergoglios Liste – Die Geschichten

Gonzalo Mosca
Ein Gewerkschafter und zwei Diktaturen

»Meine Stunden waren gezählt. Ich war verzweifelt.« Gonzalo Mosca, Aktivist aus Uruguay, war wegen seiner politischen Überzeugungen in Schwierigkeiten geraten.

1977 war Gonzalo 28 Jahre alt. Schon seit einer Weile hatten die Generäle damit begonnen, sich der Dissidenten zu entledigen – mit derselben Achtlosigkeit, mit der man eine Mücke zerquetscht. Der junge Mosca gehörte zu den *Grupos de acción unificada*, einem Zusammenschluss von Bewegungen, die 1971 an der Gründung des »*Frente Amplio*« beteiligt gewesen waren; seit Uruguay 1984 die Demokratie wieder eingeführt hat, ist dieses Linksbündnis in Montevideo ununterbrochen an der Regierung.

Kaum hatte Gonzalo im Fernsehen den Mann wiedererkannt, der ihn gerettet hatte, beschloss er, seine Geschichte zu erzählen. Die Lage in seinem Heimatland hatte sich für ihn damals derart zugespitzt, dass er nach Argentinien fliehen musste. Vom Regime der Generäle dort wusste man damals noch wenig. Mosca glaubte, sich irgendwo zwischen der unüberschaubaren Peripherie von Buenos Aires und der Weite der Pampa unsichtbar machen zu können. Doch er geriet vom Regen in die Traufe.

In Montevideo hatten sich fünf Militäreinheiten formiert. Sie hatten das Sagen in den acht Geheimgefängnissen und auf den neun geheimen Friedhöfen, die 1971 für die »*Juventud Comunista*« eingerichtet worden waren.

In Buenos Aires versteckte sich der junge Mann mit den zerzausten Haaren bei einem Freund. Die Tarnung hielt nicht lange. »Die argentinischen Soldaten kamen, um uns zu holen; zum Glück waren wir gerade aus der Wohnung geflohen«, erzählt Mosca 36 Jahre später.

Der Concierge des Wohnhauses hatte ihn gewarnt: »*Te matarán* (sie werden dich töten).« Wenn er sich nicht umbringen lassen wollte, blieb ihm nur noch ein Weg, der für einen wie ihn voller Fallstricke war: Er musste die Priester um Hilfe bitten.

Von einem öffentlichen Telefon aus gelang es Gonzalo unter abenteuerlichen Umständen, einen seiner Brüder anzurufen, einen Jesuiten, der in Argentinien lebte. Pater Mosca konnte ihm nicht sofort helfen, aber er wusste, an wen man sich wenden musste.

Wenige Tage später kam der junge Jesuit in die argentinische Hauptstadt, wo sein Bruder, »der *Compañero* Mosca«, die Minuten zählte, die ihn noch von seinem scheinbar unausweichlichen Ende trennten. Das Schlusskapitel war schon geschrieben. Das Einzige, was er sich noch fragte, war, ob die Militärs von Buenos Aires ihn gleich in Argentinien töten oder ihn der erdrückenden Fürsorge ihrer uruguayischen Kollegen übergeben würden.

Als Pater Mosca seinen ehemaligen Philosophielehrer kontaktierte, antwortete der im Telegrammstil. Das tat er immer, wenn die Lage ernst wurde: »Bring mir deinen Bruder, ich sehe zu, dass ich ihm helfe.« Pater Bergoglio kam im Wagen zum vereinbarten Ort. Sonst war niemand bei ihm. Die Gefühle jener Stunden stehen dem alten Kämpfer Gonzalo Mosca noch immer ins Gesicht geschrieben. Er lächelt, wenn er darüber spricht. Doch an jenem Tag war die Angst schier unerträglich.

Aus heutiger Sicht klingt die Geschichte wie die unerfüllbare Mission eines unerschrockenen Geheimagenten. Pater Bergoglio kannte Buenos Aires wie seine Westentasche. Er war hier geboren und lebte seit 40 Jahren in der Stadt. Außerdem kannte er die Besessenheit, die Manien und Marotten der Militärs. »Während der Fahrt sagte er mir, ich solle nicht aus dem Fenster schauen. An jeder Straßenecke standen Soldaten.« Die wachsende Angst, der keuchende Atem, das Gefühl, zu ersticken. 50 Kilometer, die sich hinzogen, als wären es 5000. Plötzliche Richtungswechsel und Umwege, um von den Haupt- auf die Nebenstraßen auszuweichen. Die Augen des Jesuiten, der immer wieder in den Rückspiegel sah.

Nicht einmal in den Kirchen war man damals noch sicher. Außer den Priestern, die als Informanten arbeiteten, gab es noch die, die das Gleiche aus Angst taten, und jene, die das Regime offen unterstützten, sowie die Gemeinden, die man infiltriert hatte, was in der Hauptstadt mit ihren zahllosen Augen und viel zu vielen Ohren nicht weiter schwierig war.

Die dunklen Mannschaftswagen waren überall verteilt, sie standen an jeder Ecke. Einige geparkt, andere mit laufendem Motor und jederzeit bereit, mit quietschenden Reifen anzufahren – wie eine Meute von Jagdhunden, die hektisch damit beschäftigt waren, ihr Revier zu markieren und Angst zu verbreiten, einfach dadurch, dass sie ständig in Bewegung waren. Nein, nicht einmal in die Kirchen durfte man sich wagen. Man wusste einfach nicht, wer tatsächlich für ein kurzes Gebet hereinkam und wer stattdessen wieder hinausging und einen verriet.

Buenos Aires ist eine perfekte Stadt, um das Gelände Planquadrat für Planquadrat zu kontrollieren. Wie viele Metropolen der jüngeren Geschichte ist sie wie ein Gitternetz aufgebaut, das für die Militärs keinerlei Überraschungen bereithält. Rechteckige Häuserblocks, eher breite Straßen, keine dunklen Gassen und keine Irrgärten mit unerwarteten Abzweigungen. Für seine Bewohner ist Buenos Aires ein Labyrinth ohne Geheimnisse. Die Engländer wissen das. Die Spanier auch. Erstere wurden 1807 mit ihren Besatzungstruppen wieder aufs Meer gejagt. Und Letztere 1810 von der Mai-Revolution auf ihre Karavellen zurückgetrieben, als ein Volk, aus dem binnen Kurzem eine Nation geworden war, beschlossen hatte, sein Schicksal von nun an selbst zu bestimmen.

Und doch taten in den Jahren des »Schmutzigen Krieges« viele so, als hätten sie nichts gesehen und gehört. Auch die Kirche sollte zerrissen daraus hervorgehen. Für sie galt es, ihre Glaubwürdigkeit zurückzugewinnen und die Gemeinschaft wieder aufzubauen.

Es waren nicht nur die grün lackierten Fords Falcon, die Schrecken verbreiteten. Sie erkannte man wenigstens. Die *Patotas* hingegen, die Schläger- und Entführerbanden, konnten sich überall versteckt halten: in den Warteschlangen an den Tankstellen oder, als Tagelöhner verkleidet, auf den umgebauten Lieferwagen, die durch die Stadtrandviertel fuhren.

Ein vertrauter Anblick ließ Gonzalo endlich aufatmen. »Mein Bruder hatte in San Miguel bei den Jesuiten studiert. Ich erkannte es sofort wieder.« Doch er blieb nicht lang im Haus der Gesellschaft Jesu. »Es werden höchstens vier Tage gewesen sein.« Diese kurze Zeit reichte Pater Bergoglio, um die Flucht zu organisieren. »Er stellte mich als einen Studenten vor, der an Kurzexerzitien teilnehmen wollte.« Genau genommen war das sogar nur eine kleine Lüge.

Jeder, der in dieser Situation und an diesem Ort gewesen ist und es mit diesem vorurteilslosen Jesuiten zu tun hatte, fragte sich früher oder später, was einen noch jungen Priester dazu getrieben haben mochte, sein Leben und sogar das seiner Mitbrüder aufs Spiel zu setzen, um Menschen zu retten, die er im Grunde überhaupt nicht kannte, die anders dachten als er selbst und die zum Teil sogar antiklerikal eingestellt waren. »Während er daran arbeitete, meine Flucht zu organisieren«, erinnert sich Gonzalo Mosca, »kam Bergoglio mich jeden Abend besuchen. Wir redeten lange. Er wusste, dass ich sehr angespannt war und nachts kein Auge zutat. Er lieh mir Romane von Borges und auch ein Radio, damit ich mir die Zeit vertreiben und mich auf dem Laufenden halten konnte.«

Dissidenten bei der Flucht zu helfen, war nicht einfach nur riskant. Man lief ganz konkret Gefahr, den Folterknechten in die Arme zu laufen. Um die Chancen zu vergrößern, dass die Flucht gelingen konnte, hatte Pater Jorge daher in Brasilien ein Netzwerk von Helfern eingerichtet. Tatsächlich wusste keiner von ihnen, dass er zum »System Bergoglio« gehörte. Jeder tat dem argentinischen Provinzial einen einzigen, kostbaren Gefallen: Einer besorgte einen Schlafplatz für eine Nacht, ein anderer eine Fahrt mit dem Auto, ein Dritter redete mit einem europäischen Konsulatsbeamten, ein Vierter beschaffte die Flugtickets. Eine Organisation, in der die eine Hand nicht wusste, was die andere tat – die einzige Methode, das Risiko möglichst gering zu halten und auch unter den Jesuiten nur ein Mindestmaß an Informationen durchsickern zu lassen.

Diese Vorsicht war nicht unbegründet. Jahre später konnte bewiesen werden, was mehr als nur ein Verdacht war: In ganz Lateinamerika war in einer höchstwahrscheinlich nicht zufälligen Reihenfolge ein Militärputsch auf den anderen gefolgt, angefangen 1964 in Brasilien bis hin zum argentinischen Staatsstreich von 1976. Ein einziges großes Strategiespiel, das als »*Operation Condor*« in die Geschichte eingehen sollte – eine flächendeckende, von den Militärjunten des Subkontinents organisierte Operation zur Unterdrückung der oppositionellen Kräfte.

Einigen unabhängigen Studien zufolge waren außer Chile unter Pinochet und Argentinien unter Videla auch Uruguay, Brasilien, Paraguay und Bolivien an der »*Operation Condor*« beteiligt. Ein erstes Arbeitstreffen der in den Plan eingeweihten Geheimdienste fand zwischen dem 25. November und dem 1. Dezember 1975 in Santiago de Chile statt. Initiiert hatte das Ganze – mit stillschweigendem Einverständnis der Vereinigten Staaten, die nach der Errichtung des kommunistischen Systems in Kuba ein Übergreifen des Sozialismus auf den restlichen Kontinent verhindern wollten – der Gründer der Geheimpolizei von General Pinochet, Manuel Contreras.

Ein ehemaliger brasilianischer General hat zugegeben, dass es zur Zeit der Diktaturen Übereinkünfte zwischen südamerikanischen Ländern gab, die die Gefangennahme und Auslieferung von Dissidenten vorsahen. Sie hätten die ausländischen Oppositionellen, die nach Brasilien flohen, »nicht getötet«, so erklärte der ehemalige General Agnaldo Del Nero gegenüber der lokalen Presse; Ziel sei vielmehr gewesen, »sie zu verhaften« und ihrem Herkunftsland »zurückzugeben«. Del Nero, der in den 70er- und 80er-Jahren in São Paulo bereits Chef des obersten staatlichen Nachrichtendiensts CIE gewesen war, führte weiter aus, dass, wenn Informationen über verdächtige Ausländer, die ins Land einreisen wollten, vorlagen, diese von den brasilianischen Militärs üblicherweise festgenommen und wieder zurückgeschickt worden seien. »Das ist auch mit diesen beiden Italienern passiert«, erklärte er mit Bezug auf die beiden italienischstämmigen Argentinier und *Montoneros* Horacio Domingo Campiglia und Lorenzo Vinas. Campiglia wurde im März 1980 am Flughafen Galeão in Rio de Janeiro verhaftet, als er gerade aus Venezuela kam, und Vinas nahm man im Juni 1980 in Uruguaiana im Staat Rio Grande do Sul fest.

Es ist also leicht zu erraten, welche Befürchtungen Jorge Mario Bergoglio hatte: Argentinien grenzte an Staaten, in denen auf die eine oder andere Weise die Militärs das Sagen hatten. Dennoch eignete sich Brasilien aufgrund seiner weiten Fläche und der engmaschigen Präsenz der Jesuiten besser als andere Länder, den Flüchtlingen Unterschlupf zu gewähren. Nur konnten sie natürlich nicht einfach mit dem Flugzeug von einem Land ins andere reisen.

Das wusste auch Pater Jorge. In den Tagen, als Gonzalo Mosca sich in dem Zimmer versteckt hielt, das man ihm im Kolleg von San Miguel zur Verfügung gestellt hatte, erklärte der argentinische Jesuitenobere dem jungen Aktivisten in aller Kürze, in welchen Etappen er in die Freiheit gelangen sollte: »Du nimmst zuerst ein Flugzeug von Buenos Aires nach Puerto Iguazú an der Grenze zu Brasilien und Paraguay. Von dort aus betrittst du brasilianischen Boden.« Mit einem Inlandflugticket würde Mosca das nördliche Grenzgebiet erreichen. Die Überquerung der Grenze würde heimlich an Bord eines Schiffes gelingen müssen. In Brasilien würden andere Jesuiten den Uruguayer in ihre Obhut nehmen und nach einem kurzen Aufenthalt in ein Flugzeug nach Europa setzen. Ein außergewöhnlicher Plan.

Der bloße Gedanke an die Hindernisse, die Gonzalo würde überwinden müssen, damit dieser Plan gelang, konnte einem schon den Puls in die Höhe treiben: Er durfte bei den Beamten am Flughafen in Buenos Aires keinen Verdacht erregen, musste die argentinischen und brasilianischen Grenzposten umgehen, Rio de Janeiro erreichen, ohne einer Straßenkontrolle in die Hände zu fallen, und einen Platz im Flugzeug oder eine Schiffspassage nach Europa ergattern – vorausgesetzt, die Konsulatsbehörden des Exillands hatten ihm zuvor grünes Licht gegeben.

Der junge Uruguayer ging das Wagnis ein. »Pater Jorge brachte mich nicht nur zum Flughafen, sondern begleitete mich sogar bis zur Tür des Flugzeugs.« Er verließ die Gangway erst, als er sah, wie die Maschine sich in die Luft erhob.

Alles geschah, wie der Provinzial es geplant hatte: die Überquerung des Rio Paraná unweit der majestätischen Iguazú-Wasserfälle, von wo aus man flussaufwärts nach Brasilien oder Paraguay gelangt; dann ein neuerlicher »geistlicher Bildungsaufenthalt« bei einer Jesuitengemeinschaft in Rio de Janeiro; Schließlich die ersehnte Landung auf der anderen Seite des Atlantiks.

Heute ist Gonzalo Mosca ein bekannter Gewerkschafter. Wie damals steht er auf der Seite der uruguayischen Arbeiter. Er ist kein frommer Kirchgänger – oder war es zumindest nicht, ehe er erfuhr, dass auch ein untypischer Priester – denn das war Bergoglio seiner Meinung nach – Papst werden kann.

In seinem Land waren mindestens 200 Menschen verschwunden. Vergleichsweise wenig, wenn man an die Ausrottung der Oppositionellen im nahen Argentinien denkt. Doch auch in Uruguay waren Tausende verfolgt worden oder ins Ausland geflohen. Videlas Junta hatte die in Montevideo praktizierte Technik des Verschwindenlassens perfektioniert.

»Ich habe mich immer gefragt« – und bis heute hat *Compañero* Mosca darauf keine Antwort gefunden –, »ob Bergoglio wusste, welches Risiko er eingegangen ist. Wenn sie uns erwischt hätten, hätten sie ihn angeklagt, einen Umstürzler zu decken, und damit wäre das ganze Institut der Jesuiten in Gefahr gewesen.«

Doch auch diesmal ahnten die Behörden nichts. »Ich weiß nicht, wie viele andere dasselbe getan hätten. Ich weiß nicht, ob überhaupt jemand dasselbe getan hätte, ohne mich zu kennen.«

Wenn man ihn nach einer Erklärung fragt, dann antwortet Mosca: »Meine katholische Erziehung habe ich bei den Jesuiten erhalten. Mein Bruder ist Jesuit. Das sind ihre Werte. Soweit ich sie kenne, sind sie einfach so gestrickt.«

Alicia Oliveira
Mit Pater Jorge im Untergrund

»Mir müssen die ganz sicher nicht erklären, wer Jorge Bergoglio ist. Er hat viele Verfolgte außer Landes gebracht und dabei sein Leben aufs Spiel gesetzt. Was wollen die noch?«

1973 war Alicia Oliveira als erste Frau in Argentinien Strafrichterin geworden. Die Militärs wollten sie loswerden. Also betrieben sie in ihrem Umfeld zunächst eine Politik der verbrannten Erde: Sie wurde ihres Amts enthoben, vom Justizministerium entlassen und von der Polizei gesucht. So kam es, dass sie 1976 auch die erste Richterin war, die von der Regierung verfolgt wurde. Ein Primat, auf den sie gerne verzichtet hätte, auf den sie nun aber alles in allem auch stolz ist.

»Ich war arbeitslos. Als er erfuhr, dass sie mich weggeschickt hatten, schickte Jorge mir einen wundervollen Strauß Rosen«, erinnerte sich Oliveira in einem langen Interview mit dem *Clarín,* der meistverkauften argentinischen Tageszeitung.

Wenige Minuten nach der Wahl des römischen Pontifex wollte das Telefon gar nicht mehr aufhören zu klingeln. Unzählige Journalisten fragten sie nach ihrer Meinung zum neuen Papst. Sie antwortete: »Meine Meinung über ihn ist die aus der Sicht einer Freundin. Für mich ist Jorge ein

Freund, kein Kardinal und auch kein Papst. Ich empfinde für ihn die allergrößte Wertschätzung. Er ist ein großer Mann. Er kümmert sich um die, die leiden.«

Als ich sie einige Monate später wieder kontaktierte, um ihre schrecklichen Erlebnisse zur Zeit der Junta zu rekonstruieren, bat sie in ihrer gewohnt höflichen Art darum, nun wieder schweigen zu dürfen. »Darüber ist schon genug geredet worden.«

Und tatsächlich hat sie in zahllosen Interviews und auch in ihren Zeugenaussagen vor Gericht viel über Bergoglio gesprochen. Sie hatte ihn während der Zeit der Verfolgung kennengelernt. Videla persönlich hatte angeordnet, sie gemeinsam mit den anderen Aktivisten des CELS, des Zentrums für Rechts- und Sozialstudien, das zu einem Stachel im Fleisch der Militärregierung geworden war, zu eliminieren. Sie hatten ihr schon einen Platz im Leichenschauhaus reserviert. Doch dank Pater Jorge wurden die Pläne des Regimes durchkreuzt.

Gewarnt wurde sie durch eine Blitzaktion der Militärs. Sie stürmten die Büroräume und verschleppten alle, die sich darin aufhielten. Und jene, die nicht im Dienst waren, stöberten sie zu Hause auf.

»Ich konnte fliehen«, erzählt Alicia, »weil ich das CELS verlassen hatte, kurz bevor die Militärs eintrafen. Ich war zum Bahnhof gegangen, um den Zug zu nehmen. Als ich erfuhr, was geschehen war, musste ich ein Versteck finden und dort über zwei Monate lang bleiben, bis die Situation sich beruhigt zu haben schien.«

Auf ein Leben im Untergrund war sie nicht vorbereitet gewesen. Und es kamen noch weitere Schwierigkeiten hinzu: Alicia Oliveira war Mutter dreier kleiner Kinder. Eines von ihnen wachte mehrmals in der Nacht schreiend auf. Es hatte immer denselben Alptraum: dass »die bösen Männer« ihm die Mutter wegnähmen.

Während sie sich versteckt hielt, musste Alicia sich auch von ihren Kindern fernhalten. Es waren furchtbare Tage: Sie durfte dem Regime nicht in die Hände fallen und musste doch gleichzeitig ihre Kinder beruhigen und ihnen klarmachen, dass ihre Mama sie nicht im Stich gelassen hatte und dass sie nicht im Gefängnis war. Mehr als alles andere fürchtete Alicia, dass ihre Kinder sie für eine *Desaparecida* hielten. Die Vorstellung, dass sie ein so schlimmes Trauma erleiden könnten, raubte ihr den Schlaf.

Oliveira kannte Bergoglio seit etwa vier Jahren. Sie waren Freunde geworden, obwohl sie nicht gerade eine fromme Kirchgängerin war. Wie so oft in solchen Fällen war Pater Jorge taktvoll, aber ehrlich. »Du bist in Lebensgefahr«, sagte er zu ihr. Und bot ihr Hilfe an: »Du bleibst hier bei uns im Kolleg. Dann kannst du deine Kinder sehen und bist trotzdem in Sicherheit. In der Zwischenzeit sehen wir zu, dass wir eine Lösung finden.«

»Ehe ich bei den Priestern lebe, lasse ich mich lieber in eine Zelle sperren«, antwortete Alicia. Sie ließ sich nicht umstimmen.

An diesem Punkt hätte der Pater Provinzial sich verabschieden, ihr alles Gute wünschen, sie in seine Gebete einschließen und sich anderen Dingen zuwenden können. Er hatte alles versucht, um ihr zu helfen, und musste sich ganz gewiss nicht schuldig fühlen, nur weil sie seine Hilfe aufgrund ihrer antiklerikalen Ansichten abgelehnt hatte. Es gab noch andere – viele andere! –, die man in Sicherheit bringen musste, da konnte er seine Zeit nicht damit verschwenden, diese Frau anzuflehen, dass sie den Rettungsring, den er ihr zugeworfen hatte, doch bitte auch ergreifen möge.

Doch Pater Jorge kümmerte sich um alles. Er fand einen Weg, um die Situation wenigstens zu lindern: Über einen Geheimgang, einen Korridor, den nur wenige kannten, konnte Alicia Oliveira ihre Kinder im Ordenshaus treffen.

Diese Verabredungen waren riskant. Pater Jorge brachte sie mit dem Wagen zum vereinbarten Ort. Er war ein geschickter Fahrer. Vielleicht betete er zwischen einer Kurve und der nächsten. Dabei spielte er vorsichtig mit dem Gaspedal und wechselte zuweilen die Richtung, als hätte er kein bestimmtes Ziel.

Der dunkle Mittelklassewagen, in dem er sich fortbewegte, fiel nicht weiter auf, und er war auch nicht der Typ Fahrer, der auf einer Schotterstraße mit quietschenden Reifen anfuhr. Wenn die Polizei ihn angehalten hätte, wäre das nicht nur unangenehm gewesen, sondern hätte alle möglichen Fragen nach sich gezogen. Damals galt jeder als verdächtig, der mit Vollgas fuhr – erst recht ein Jesuit! All das musste Pater Jorge berücksichtigen. Und er musste darauf achten, dass ihm niemand folgte. Denn was hätte er sagen sollen, wenn er aufgeflogen wäre und man eine Frau im Kofferraum oder zusammengekauert auf dem Rücksitz bei ihm gefunden hätte? Die Geschichte vom verliebten Jesuiten um die 40, der bei einem Rendezvous erwischt wurde, hätte niemand geglaubt – wobei das dem Regime sogar noch in die Hände gespielt hätte, wenn sie ihn mit einer Frauengeschichte hätten kompromittieren können. Stellen Sie sich nur die Schlagzeilen in den von der Junta kontrollierten Zeitungen und Fernsehsendungen vor: Das Oberhaupt der argentinischen Jesuiten und die Menschenrechtsaktivistin beim Stelldichein erwischt!

Doch das interessierte ihn nicht. Ihn interessierte nur, dass Alicia sich nicht unnötig in Gefahr begab und dass ihre Kinder sich nicht ängstigten.

Wer weiß, wie oft er beim Anblick des Gitters, das den Park des *Colegio Máximo* umgab, der Vorsehung gedankt haben mag, weil sie ihn wieder einmal unversehrt hatte heimkehren lassen.

»So brachte er mich aus meinem Versteck bis ins Innere des Kollegs.« Zweimal in der Woche. Das bedeutet, dass sie diese gefährliche Fahrt in den zwei Monaten mindestens zehnmal unternahmen, so oft, dass Alicia schließlich nicht mehr daran zweifelte, dass der Schöpfer auf ihrer Seite war.

Die Darstellung der Juristin wird von der Aussage einer vertrauenswürdigen und unabhängigen Augenzeugin gestützt, einer Politikerin aus dem Stab der Präsidentin Cristina Fernández de Kirchner, die bekanntermaßen keine gute Freundin von Bergoglio ist. Die Rede ist von der Sicherheitsministerin Nilda Garré, bis Juni 2013 Sicherheitsministerin, eine alte Freundin und während der Zeit im Untergrund Komplizin von Alicia Oliveira. Garré war es, die die von den Generälen verfolgte Richterin versteckt hielt, als sie von der Polizei gesucht wurde.

»Jorge fand die Diktatur genauso furchtbar wie ich«, erklärt Alicia Oliveira. Die Angriffe, die vor und nach seiner Wahl auf den Stuhl Petri gegen ihn vorgebracht wurden, seien »wirklich infam« gewesen, »politisch motiviert, aber er hat den Ton nie verschärfen wollen.«

Als die Situation weniger gefährlich wurde, konnte sie Bergoglio wieder treffen, ohne sich ständig verstecken zu müssen. Die Militärs glaubten, sie hätten die Oberhand. Alicia war einfach nur eine gebildete und arbeitslose Frau. Und der Provinzial war in ihren Augen schließlich nicht der Staatsfeind Nr. 1. Einer von Bergoglios Hauptanklägern, der Journalist und ehemalige *Montonero* Horacio Verbitsky[24], hat einmal gesagt, der Jesuit sei »ein Täter« gewesen. Damit hatte er recht – wenn auch nicht so, wie er es verstanden wissen will: Es war Bergoglio gelungen, sich den Militärs gegenüber den Anschein zu geben, er habe sich im Kolleg verkrochen, um dort auf günstigeren Wind zu warten – während er in Wirklichkeit ein geheimes Netz aufbaute, um Dutzende von Menschen zu verstecken und in Sicherheit zu bringen.

»Wir sahen uns zweimal die Woche«, erinnerte sich Alicia Oliveira. »Er begleitete die Priester; er vertraute mir und erzählte mir alles, was vor sich ging. Wenn irgendjemand das Land verlassen musste, weil er keine Minute länger in Argentinien bleiben konnte, wurde er mit einem Essen verabschiedet. Und Bergoglio war immer dabei.«

Und damit nicht genug. Aus der Distanz der Jahre entdecken wir ein Detail, das für eine Schlüsselszene eines Hollywoodthrillers taugen würde: Präsident Videla zettelte seine teuflischen Pläne in den Salons der *Casa Rosada* an, die, wie die Kathedrale und weniger als 200 Meter von dieser entfernt, an der eindrucksvollen *Plaza de Mayo* liegt.

---

[24] Horacio Verbitsky, Autor von *El silencio: de Paulo VI a Bergoglio: las relaciones secretas de la Iglesia con la ESMA,* Buenos Aires 2005. In diesem Buch verdächtigt er Bergoglio auf der Grundlage der Aussagen zweier verschleppter und später befreiter Priester, der Patres Yorio und Jalics (s. u. S. 83–92). Nach der Wahl von Papst Franziskus wiederholte er seine Vorwürfe in der Tageszeitung *Página 12.* In den darauffolgenden Tagen erklärte jedoch Pater Jalics (Yorio war 2000 verstorben) den Medien, dass er seine Aussage, wonach seine und Yorios Verschleppung im Jahr 1976 auf die Anzeige des damaligen Jesuitenprovinzials hin erfolgt sei, heute als Irrtum betrachte. Verbitsky hat daraufhin eingeräumt, dass diese Erklärung Jalics' Bergoglio von aller Verantwortung freispreche, vgl. H. Verbitsky, *Pasado pisado,* in www.pagina12.com.ar/diario/elpais/1-216255-2013-03-21.html.

Geht man von dort aus nur ein paar Schritte die Gasse entlang ins charakteristische Montserrat-Viertel, kommt man zur Kirche des heiligen Ignatius von Loyola, die an die Gebäude angrenzt, in denen sich die Wohnräume der Jesuiten und eine katholische Schule befinden.

Auch dort traf Bergoglio Alicia Oliveira zusammen mit anderen Verfolgten. Und dort fanden auch die Abschiedsessen für diejenigen statt, die heimlich in eines der kleinen Schiffe gebracht wurden, die zwischen Buenos Aires und Uruguay pendelten und Obst und andere Waren transportierten. Die Fahrt dauerte eine Stunde. Nie wären die Militärs auf die Idee gekommen, dass Bergoglio so etwas direkt vor ihrer Nase tat. Sie waren viel zu arrogant, um sich vorzustellen, dass der Provinzial und die kleine Herde von Dissidenten, die er hütete, den Mut haben könnten, ihre Weidegründe bis in die unmittelbare Nähe der *Casa Rosada* auszudehnen. Das wagte niemand. Für sie war es völlig ausgeschlossen, dass die Kirche des heiligen Ignatius für Bergoglios »Liste« zu einer Schaltstelle werden konnte.

Alfredo Somoza
Gerettet, ohne es zu wissen

Er war schon als kleiner Junge ins Visier der Polizei geraten. Und das sollte auch während seines Studiums so bleiben. Er liebte Geschichte und Literatur, und so brachte er eine Literaturzeitschrift in Umlauf, *Viramundo,* die andere literarisch interessierte Jugendliche anzog – allzu sehr anzog für den Geschmack der Militärjunta, die von der Idee besessen war, die Vergangenheit – vorzugsweise mittels einer groß angelegten Gehirnwäsche – auszulöschen und eine neue Ordnung zu schaffen.

»Anfangs konnte sich niemand vorstellen, was da wirklich vor sich ging. Man wusste nichts von den Geheimgefängnissen und auch nichts von den *Desaparecidos.* Wir dachten, sie seien irgendwohin gebracht, inhaftiert oder sogar ›umerzogen‹ worden.« Heute ist Alfredo Somoza ein angesehener Journalist und Experte für internationale Politik. Er lebt in Italien, in Mailand, wo er unter anderem das Institut für internationale wirtschaftliche Zusammenarbeit (ICEI) leitet.

Wenn er über jene Jahre spricht, scheint er ungerührt zu sein. Tonfall und Wortwahl zeugen von der Distanz des unabhängigen Analysten. Wie ein Chirurg, der weiß, wo er das Skalpell ansetzen muss, schickt er die Bemerkung voraus, dass »die Kirche sich unter jedem beliebigen Regime möglichst unauffällig verhält, um den Betrieb aufrechtzuerhalten und den eigenen Werten treu zu bleiben«. Im Fall Argentiniens allerdings »hatte die kirchliche Institution sich hochgradig mit der Macht der Diktatoren eingelassen. Die Jesuiten nicht. Die Geschichte der Universität, an der ich studieren durfte, ich, der ich als Dissident galt, ist über jeden Verdacht erhaben. Sie haben viele Leben gerettet, das habe ich mit eigenen Augen gesehen.«

Der Blick des Journalisten und der Scharfsinn des Wissenschaftlers machen Somoza zu einer Schlüsselfigur. Allerdings beansprucht er für sich nicht die Rolle des verfolgten Christen. Er mimt nicht den unbeugsamen Regimegegner, den man ins Exil getrieben hat. Gleichwohl ist seine Geschichte beispielhaft.

Er stammt aus einer guten Familie und pflegte schon an der Schule seine Leidenschaft für Literatur, Anthropologie und Archäologie. Der perfekte Umstürzler … Das zumindest dachten die Militärs, die ihn 1978 nach mehreren Einschüchterungsversuchen in ein Kommissariat verschleppten und dort eine Woche lang festhielten – genau so lange, wie sie brauchten, um zu entscheiden, in welches geheime Haftlager sie ihn bringen wollten.

Somoza lebte in einem großen Haus in *Villa Devoto*, dem bürgerlichen Viertel an der Grenze zur endlosen Weite der Provinz Buenos Aires, das für seine ausgedehnten Grünflächen bekannt war; inzwischen sind auch sie der sich ausbreitenden Betonwüste zum Opfer gefallen. In den Jahren der Diktatur, als der heutige Papst an der Spitze der Gesellschaft Jesu stand, besuchte er die jesuitische *Universidad del Salvador*. »Wir sprechen hier von der einzigen Hochschule von Buenos Aires, an der Dissidenten studieren konnten.« Die staatliche Universität war »gesäubert«, Marx und sämtliche Bezüge zur linken Kultur aus dem Lehrplan entfernt worden. Im Zuge der »nationalen Reorganisation« hatte man die Programme der Kulturwerkstätten des Landes sozusagen annulliert und dann der Kontrolle des Regimes unterstellt.

Warum ein Junge mit Hang zum Altertum überhaupt als potenziell subversiv betrachtet wurde, ist nicht schwer zu erraten. »In meinem Fall wäre es nicht ratsam gewesen, es auf der staatlichen Universität zu versuchen. Ich hatte schon in der Schule, nun, sagen wir, Probleme gehabt. Ich war einer der Schulsprecher. Kein sehr wichtiges Amt, doch es reichte, um auf der ›Schwarzen Liste der subversiven Elemente‹ zu landen. Leider war ich nicht der Einzige, der sich in dieser Lage befand. Solche wie ich hatten nur zwei Möglichkeiten: gar nicht zu studieren oder sich an der Universität der Jesuiten einzuschreiben.«

Genau genommen wurde die *Universidad del Salvador* von Laien geführt, »doch noch immer direkt von den Jesuiten beeinflusst, und das hatte sie vor den Einmischungen des Regimes bewahrt. Eine Art kulturelle Freizone.« Pater Bergoglio war gewissermaßen, obwohl er offiziell keinen Posten innehatte, ihr »Rektor *in pectore*«.

Alfredo Somoza erklärt: »Ich bin nicht gläubig, ich bin nicht einmal getauft. Und doch sage ich, dass man an der *Universidad del Salvador* so viel Freiheit atmete wie an keinem anderen Ort in Buenos Aires. Die akademische Autonomie war unversehrt geblieben. Wenn man sich dort aufhielt, konnte man glauben, dass es das Regime nie gegeben hätte. Die staatliche Universität dagegen hatte bestimmte Studiengänge wie Soziologie und Anthropologie ganz schließen müssen, weil man sie für eine Zuchtstätte von Oppositionellen hielt.«

Als Videla und Konsorten das Land übernahmen, war Alfredo 18 Jahre alt. Mit 20 wurde er, wie schon gesagt, »verschleppt und in einem Kommissariat eingesperrt«. Das war 1978. »Ich blieb dort eine Woche lang. Ich lebte wie in einer Art Vorhölle, ich wusste nicht, was mit mir geschehen würde.« Während die Militärs noch darüber stritten, ob sie ihn in die ESMA, ins Olimpo oder in einen der anderen Folterkeller überstellen sollten, gelang es einem, dessen Name besser nicht genannt wird, »mich rechtzeitig rauszuholen, ehe sie mich verschwinden ließen«.

Die Rechnung blieb offen. Nun kam die Zeit der Universität. »An der *Universidad del Salvador* lebten wir dank Bergoglio wie unter einer Käseglocke. Die Junta hatte jede Art von Vertretung abgeschafft und verboten, die Gewerkschaften genauso wie die Studentenverbindungen. Danach mussten wir uns auch in unseren Fakultäten richten.« Bergoglio nahm die Vorschriften des Regimes sehr ernst. Das zumindest war der Eindruck, den er offenbar erwecken wollte.

»In Wirklichkeit agierten die Jesuiten hinter den Kulissen wie im Fall der beiden verhafteten Priester (der Patres Yorio und Jalics, *A. d. R.*), die gefoltert wurden und nach sechs Monaten freikamen und deren Geschichte von dem Journalisten Horacio Verbitsky publik gemacht worden ist. Die ganze Welt hat davon gesprochen. Verbitsky hat die Frage aufgeworfen, ob man Bergoglio für ihre Verhaftung verantwortlich machen kann; ich dagegen glaube, dass es ihm und allen anderen Jesuiten zu verdanken ist, dass die beiden Ordensleute in einer Zeit, in der viele für immer verschwunden sind, überlebt haben«, gibt Somoza zu bedenken.

Alfredo ist heute 55 Jahre alt. Ihn hat die vergiftete Atmosphäre der Diktatur nicht frühzeitig altern lassen. Er ist sehr freundlich, doch sein Tonfall ist entschlossen: Somoza ist keiner, der Kompromisse eingeht. Seine Kolumne bei *Radio Popolare* und seine zahlreichen Essays üben unbarmherzig Kritik an den Wucherungen des Kapitalismus und der sozialen Ungerechtigkeit. Er ist noch derselbe wie in seiner Studentenzeit.

»Ich habe bei den Jesuiten Archäologie studiert, weil das für uns die Jesuitenuniversität war und blieb und dich dort niemand nach deinem Taufschein oder deinem Führungszeugnis fragte. Von jetzt auf gleich hatte die Junta jede Form der Vertretung abgeschafft. Auch an der *Universidad del Salvador* musste man sich an die neuen Gesetze halten. Aber man weiß ja, wie die Jesuiten sind. Einmal gab uns Bergoglio ohne große Umschweife zu verstehen, dass sie es begrüßen würden, wenn wir Studenten »im Vertrauen« einen Sprecher benannten, mit dem sie sich dann hin und wieder würden austauschen können.«

Das war seine Art, die Vorschriften der Militärs zu umgehen, ohne die Beteiligten in Gefahr zu bringen.

»So habe ich Pater Bergoglio kennengelernt. Er hat uns immer geraten, kein Risiko einzugehen, das lohne sich nicht. Damit meinte er, dass man aus dieser Situation nicht mit Gewalt herauskommen würde. Und er riet uns davon ab, uns in Schwierigkeiten zu bringen. Es war, als träfe man einen Freund an der Bar. Man sprach über Fußball, über dieses und jenes. Und dann sagte er in demselben Plauderton, aber mit ernstem Blick etwas, das alles andere als oberflächlich war. Das war sein Losungswort gegenüber den Studenten: ›*No te la creas*‹, hat er uns immer wieder gesagt.«

Unter den Studenten wurden diese Worte zu einer Art Mantra, einem Motto, einer Redensart, wenn man sich auf der Straße begegnete, oder in den seltenen Momenten der Entspannung. »*No te la creas* heißt so viel wie: Lass dich nicht veralbern, aber auch: Sei nicht überheblich. Auf diese Weise wollte Bergoglio uns warnen.« Er schien sagen zu wollen: »Jungs, glaubt nicht alles, was ihr unterwegs aufschnappt, schluckt nicht alles, was ihr nicht überprüft habt und wovon ihr nicht überzeugt seid, aber denkt auch nicht, dass ihr alles wisst.«

Es ist merkwürdig, dass im Argentinien dieser infamen Zeit ausgerechnet ein Priester so sprach. »Doch er war Bergoglio, und man merkte schon, dass sich hinter seiner jovialen Art und seinen lockeren, manchmal scheinbar arglosen Umgangsformen ein Mann verbarg, der sich nichts vormachen ließ.«

Das komplette Nachrichtenwesen im Land unterstand der Kontrolle der Junta, Zeitungen und Fernsehen waren lediglich eine Waffe, um die Massen hörig zu machen. »Doch jene Universität war für uns ein Rettungsboot – in kultureller Hinsicht, aber auch, wie in meinem Fall, wenn man sein Leben retten wollte.«

Die Unterdrückungsmaschinerie lief auf Hochtouren. Und auch Somozas Druckerpresse druckte mit schöner Regelmäßigkeit. Es ging um Poesie, Literatur, ein wenig Geschichte. Nichts Politisches. Dennoch wurde das im Selbstverlag publizierte unschuldige Blatt schon bald der subversiven Presse zugerechnet. »Nach der ›Säuberung‹ des Nachrichtenwesens hatte die Diktatur jede neue Publikation verboten. Uns blieb nichts anderes übrig, als illegal zu drucken«, erklärt Somoza. Ein Affront, den die Militärs nicht dulden konnten.

Die Falle schnappte auf dem Postweg zu. Das war im Jahr 1981. Die internen Spannungen an der Spitze des Militärs hatten mit Videlas Ablösung durch General Viola ihren Höhepunkt erreicht. Das Regime geriet zunehmend in Schwierigkeiten, und die Unterdrückung wurde noch erbarmungsloser. Im Haus Somoza traf eine eigenartige Vorladung ein. »Ich wurde aufgefordert, mich in einem Regierungsbüro vorzustellen, um Auskunft zu einigen nicht näher bestimmten Fragen zu geben, die mich betrafen.«

Da gab es nicht viel zu verstehen. »Die Geheimdienste hatten herausgefunden, wer hinter diesem illegalen Blatt steckte. Der Brief war vom Präsidenten der Republik, General Viola persönlich, unterzeichnet, der mich zu einem Treffen einlud.«

»Ich durfte keinen Moment länger in Argentinien bleiben«, erzählt Alfredo. »Ich benachrichtigte meine Freunde und versteckte mich auf einem dieser Schiffe, die zwischen Buenos Aires und Uruguay pendeln, das keine Stunde entfernt ist.«

Einigen wenigen Vertrauenspersonen erklärte Alfredo, dass er bis nach São Paulo in Brasilien hinauffahren werde. »Als Kind hatte ich den Bootsführerschein gemacht. Es war klar, dass das Thema Argentinien und Studium für mich erledigt war, vielleicht für immer. Ich dachte daran, mir eine Anstellung im Hafen von Santos zu suchen.«

Alfredo beschloss, sich alleine durchzuschlagen, ohne Hilfe. »Als ich in São Paulo ankam, geschah etwas, das ich mir bis heute nicht erklären kann. Alle Welt schien mich zu suchen. Ich wurde von Personen kontaktiert, die den brasilianischen Jesuiten nahestanden, Leute aus der Diözesankurie von São Paulo. Auf diese Weise erhielt ich Zugang zum Kreis der Emigranten – nicht nur aus Argentinien –, der vom Erzbistum São Paulo unter Kardinal Arns betreut wurde. Es gab einige »geschützte Häuser«, in denen sie Flüchtlinge wie mich beherbergten. Und das, obwohl auch in Brasilien eine Diktatur herrschte, die mir allerdings vergleichsweise harmlos vorkam, weil ich an die argentinische Art und Weise der Unterdrückung gewohnt war. Die Diözese São Paulo, die mit dem UNO-Flüchtlingshilfswerk (UNHCR) zusammenarbeitete, unterstützte uns finanziell, sodass die Vereinten Nationen die Menschen, die um Hilfe baten, direkt zu den Einrichtungen der Kirche schickten.«

Damals hatte Somoza noch keinen italienischen Pass, und die Funktionäre der Vereinten Nationen rieten ihm davon ab, in Brasilien Asyl zu beantragen. Doch irgendjemand hatte schon an alles gedacht. »Bei der Diözese São Paulo entdeckte ich, dass man meine heimliche Flucht bereits mithilfe der Funktionäre einer bekannten italienischen Reedereigesellschaft vorbereitet hatte, die schon seit einiger Zeit auf ihren Lastschiffen Flüchtlinge versteckte, um sie nach Europa in Sicherheit zu bringen.«

Die Reise dauerte einen Monat. »Auf mich wartete sogar eine Kabine, die eigentlich dem Reeder vorbehalten war. Ich musste nur in Genua aussteigen und den Zug nach Mailand nehmen, wo ich neu würde anfangen können. Erst im Nachhinein habe ich erfahren, dass ich nicht der Einzige war, der das Glück hatte, auf diese Weise fliehen zu können. Viele andere sind denselben Weg gegangen.«

Eine Frage jedoch blieb ungeklärt: Wer stand hinter dieser komplexen Rettungslogistik, der finanziellen Unterstützung, der Organisation der illegalen Ausreisen?

»Nach verschiedenen Recherchen haben wir herausgefunden, dass all diese unerwarteten Hilfestellungen Personen zugutegekommen waren, die bei den Jesuiten studiert hatten oder mit ihnen in Kontakt gewesen waren. Genau genommen haben wir das erst sehr viel später entdeckt.

Einige andere sind mit Pässen nach Italien gekommen, die ihnen der damalige italienische Konsul Enrico Calamai – heute in Argentinien ein mit hohen Auszeichnungen dekorierter Mann – ausgestellt hatte. Er hatte den Verfolgten entgegen der ›offiziellen‹ Linie seiner Botschaft geholfen, das Land zu verlassen, und auch hier gab es Fälle von Menschen, die Hilfe brauchten und deshalb dem Konsul von den Jesuiten ›präsentiert‹ worden waren.«

Die Schlussfolgerung ist einfach: »Wer war das Oberhaupt der Jesuiten in Argentinien? Ist es denkbar, dass das alles ohne seine direkte Beteiligung vor sich ging?«, fragt Somoza.

»Bergoglio hat in einigen Fällen selbst die Initiative ergriffen. Ich erinnere mich an ein Mädchen, von dem man nichts mehr gehört hatte. Pater Jorge stellte Nachforschungen an und fand heraus, dass sie bei einem Feuergefecht während einer Säuberungsaktion getötet worden war. Das war zwar keine gute Nachricht, aber damals war es schon beinahe unmöglich, auch nur etwas über die Umstände zu erfahren, unter denen die *Desaparecidos* ums Leben gekommen waren. In einem anderen Fall half man einem Studenten, nach Córdoba zu gelangen; dort hatten die Jesuiten eine Organisation auf die Beine gestellt, die Menschen bei der Flucht ins Ausland, insbesondere nach Brasilien, half, wenn sie ins Visier nicht nur der argentinischen, sondern auch der paraguayischen Diktatur geraten waren.«

Als Protagonist dieses hässlichen Kapitels der Geschichte und als nüchterner Beobachter kommt Somoza zu dem Schluss, dass der Versuch, »die auch symbolische Bedeutung der Wahl von Jorge Mario Kardinal Bergoglio, Erzbischof von Buenos Aires, auf eine Polemik über sein angebliches Fehlverhalten während der argentinischen Militärdiktatur der 70er-Jahre zu reduzieren, von einer sehr eingeschränkten Sicht auf die Herausforderungen zeugt, denen dieses Pontifikat sich wird stellen müssen«.

Unter der Diktatur zerfiel die argentinische Kirche »in eine kleine Minderheit von Widerständlern, die größtenteils von den Militärs getötet worden sind, einen beträchtlichen Teil der Hierarchie, der mit dem Makel der direkten Mittäterschaft behaftet war, und einen nicht näher bezifferbaren Teil von Priestern und Ordensgemeinschaften, die das Regime der Generäle zwar nicht öffentlich verurteilten, es aber auch niemals guthießen, und denen es oft gelang, vielen Menschen das Leben zu retten.« Bergoglio und die Gesellschaft Jesu »zählten ohne Zweifel zu Letzteren«.

Der Fall Jalics-Yorio
»Wir wurden nicht von Pater Bergoglio angezeigt«

Aus den Karteikästen der Geheimdienste ist eine »Verschlusssache« wiederaufgetaucht, die jahrelang für bare Münze genommen wurde: Ein als *top secret* eingestufter Vermerk mit dem nüchternen Titel »Kultusabteilung, Dossier 9, Karteikasten B2B, Erzbistum Buenos Aires, Dokument 9«. Hier hatte die argentinische Staatspolizei Folgendes notiert: »Ungeachtet der Bereitwilligkeit von Pater Bergoglio hat die argentinische Gesellschaft [gemeint sind die Jesuiten, *A. d. R.*] keine internen Säuberungen vorgenommen. Die schlauen Jesuiten haben sich eine Weile im Hintergrund gehalten, doch jetzt haben sie mit großer Unterstützung gewisser drittweltistischer Bischöfe eine neue Phase eingeleitet.«

Wie objektiv, zutreffend und vertrauenswürdig die Einschätzungen der Spione eines diktatorischen Regimes tatsächlich sind, wird noch zu klären sein. Worte wurden in der damaligen Zeit gezielt eingesetzt, und die Schlammschleudern waren in den Jahren von General Videlas Militärjunta sehr genau justiert.

Das erhaltene Dokument unterstellt, dass Pater Bergoglio ein Regimekollaborateur gewesen sei. Warum aber sollten die Geheimdienste jenes »Ungeachtet der Bereitwilligkeit von Pater Bergoglio« schwarz auf weiß auf einer

Karteikarte notiert haben, die durchaus in feindliche Hände hätte fallen können? Die Rechnung geht nicht auf. Die Geheimkartei weist der »Quelle Bergoglio« keine codierte Identität, keinen Decknamen zu, während für andere Informanten und solche, die ein doppeltes Spiel trieben, Pseudonyme verwendet wurden. Wenn der Provinzial der Jesuiten für die Geheimdienste ein nützlicher Informant war, weshalb hätte dann ein Regime, das so sehr darauf bedacht war, sich selbst zu schützen, das Risiko eingehen sollen, dass er »aufflog«?

Die Beschuldigung, Bergoglio habe mit den Militärs zusammengearbeitet, ist jedoch noch aus einem anderen Grund unhaltbar: Wie kann man jemanden zu den Kollaborateuren rechnen, der »keine Säuberungen vorgenommen« hat? Die Karteinotiz wirft den Jesuiten vor, den Kurs der »Drittweltisten«, der gegen die Militärjunta gerichtet war, nicht korrigiert zu haben. Wer aber hätte den Kurs angeben sollen, wenn nicht Bergoglio, der das Oberhaupt der argentinischen Jesuiten war? Der Hinweis auf seine »Bereitwilligkeit« erweist sich mithin als Giftspritze, eine Handvoll Dreck, um entweder schon in den Jahren des Regimes die Glaubwürdigkeit des Ordensmanns zu untergraben oder es ihm wenigstens im Nachhinein heimzuzahlen. Das eine wie das andere ist Bergoglio widerfahren.

Vom Bundesgericht vorgeladen, weil er »über die Ereignisse informiert« gewesen sei, bekräftigte der spätere Papst im Jahr 2010, was er zuvor nur seinen engsten Freunden anvertraut hatte. Er enthüllte, dass er zahlreiche Dissidenten gerettet hatte. Danach hat er in der Öffentlichkeit nie wieder darüber gesprochen.

»Im *Colegio Máximo* der Jesuiten in San Miguel im Gran Buenos Aires, wo ich damals lebte, habe ich einige versteckt«, erklärte der damalige Kardinal. »Ich erinnere mich nicht genau, wie viele es waren. Nach dem Tod von Bischof Enrique Angelelli [dem Bischof von La Rioja, der für sein Engagement zum Schutz der Armen ermordet worden war, *A. d. R.*] habe ich drei Seminaristen aus seiner Diözese am Kolleg aufgenommen, die Theologie studierten. Die wurden nicht versteckt, aber versorgt, beschützt, das ja.«

Die Geschichte der drei Seminaristen, die im vorliegenden Buch auf den Seiten 106–121 erzählt wird, war einige Jahre zuvor ans Licht gekommen, nachdem der Bischof von Bariloche, Fernando Maletti, davon erfahren hatte. Doch Bergoglio machte sie sich nicht zunutze, um die Beschuldigungen, die gegen ihn im Umlauf waren, zum Schweigen zu bringen oder auch nur zu entkräften. Er hatte weder Lust noch Zeit, sich um sein Image zu kümmern.

Einige der von den Geheimdiensten und Schergen der Junta gestreuten Unterstellungen wurden sogar von den Opfern und Regimegegnern für bare Münze genommen und wachsen bis auf den heutigen Tag wie das Unkraut unter dem Weizen. Kaum war Papst Franziskus gewählt, beeilten sich verschiedene Stimmen – von der *New York Times* bis hin zur argentinischen Tageszeitung *Página 12* –, die Vorwürfe der »Beihilfe« zu erneuern. Einigen Zeugenaussagen zufolge, die der Journalist Horacio Verbitsky zusammengetragen hatte und die inzwischen zurückgezogen worden sind (s. Anm. 6 auf S. 43), soll Bergoglio – so die Zusammenfassung der BBC – »zwei Priestern, die in den Elendsvierteln [von Buenos Aires] arbeiteten, seinen Schutz entzogen haben«, indem er sie aus dem Jesuitenorden ausschloss und den Repressalien der Militärs auslieferte.

Der Kardinal »wurde 2010 aufgefordert, zu dem Fall auszusagen, und erklärte, er habe die Spitzen des Regimes um die Freilassung [der beiden Priester] gebeten«, die später tatsächlich freikamen, wie die BBC ebenfalls berichtete. Dem britischen Sender zufolge wurde der künftige Papst von den Ermittlern auch über »den Fall Elena de La Cuadra« befragt, die »die Tochter einer der Mitbegründerinnen der *Abuelas de Plaza de Mayo* war und die man während ihrer Schwangerschaft verschwinden ließ«. Und schließlich wurde Bergoglio – nach wie vor stützen wir uns auf die Angaben der BBC – in einem Strafverfahren vorgeladen, das in Frankreich eröffnet wurde, um die Umstände zu klären, unter denen der Priester Gabriel Longueville 1976 verschleppt und ermordet worden war. Erst verspätet wurde allerdings bekannt, dass die Justiz ihn aufgrund seiner Handlungsweise von jeglicher Verantwortung freigesprochen hat.

Wenn der Name des Jesuiten während der Militärdiktatur unter jenen auftauchte, die mit dem Regime »verbandelt« waren, so war dies ein Versuch, Pater Bergoglios Ruf zu schädigen. Man wollte ihn diskreditieren, ihn in den Augen der Dissidenten und seiner jesuitischen Mitbrüder unglaubwürdig machen. Keine neue Methode. In kommunistischen Ländern wie Polen, Ungarn oder Rumänien verfuhr man genauso mit Ordensleuten und Intellektuellen, die sich nicht beugen wollten. Einmal in der öffentlichen Meinung gesät, kann der nagende Zweifel verheerender sein als alle Einschüchterungen und unbarmherzigen Befragungen.

»Ob Papst Franziskus der argentinischen Militärdiktatur nahegestanden hat? Auf keinen Fall.« Als ich ihn traf, äußerte sich Adolfo María Pérez Esquivel, der argentinische Menschenrechtsaktivist, der 1980 für seinen gewaltfreien Protest gegen die Übergriffe der Militärs den Friedensnobelpreis bekommen hat, mit großer Bestimmtheit über Bergoglio. Pérez Esquivel erklärt ohne Zögern, dass es in der katholischen Kirche »Amtsträger gegeben hat, die Komplizen der Diktatur waren«, doch »Bergoglio war keiner von ihnen«, wie er versichert. Der frühere Erzbischof von Buenos Aires sei »unter Beschuss geraten, weil sie sagen, er hätte als Ordensoberer der Jesuiten nicht alles Menschenmögliche versucht, um zwei Priester freizubekommen [die tatsächlich später aus der Haft entlassen worden sind, *A. d. R.*]. Doch ich weiß aus eigener Erfahrung, dass viele Bischöfe die Militärjunta um die Freilassung von Häftlingen und Priestern gebeten haben und dass es ihnen nicht gewährt worden ist.«

Auch Graciela Fernández Meijide, ehemaliges Mitglied der nationalen *Desaparecidos*-Kommission (CONADEP), die nach der Rückkehr zur Demokratie eingerichtet wurde, sagt entschieden: »Mir ist nichts darüber bekannt, dass Bergoglio mit der Diktatur kollaboriert hätte, ich kenne ihn persönlich. Einer meiner Söhne ist verschwunden. Mein Freund Pérez Esquivel ist von den Militärs beinahe umgebracht worden. Aber man kann nicht behaupten, dass alle Ordensleute Komplizen der Diktatur gewesen wären, das ist absurd.«

Doch es gibt auch andere Stimmen unter den Dissidenten. Estela Carlotto, die Vorsitzende der Großmütter von der Plaza de Mayo, erklärte gleich nach dem weißen Rauch, sie habe keine dezidierte Meinung zum Verhalten »von Papst Franziskus zur Zeit der Diktatur. Für mich ist es wichtig zu wissen, dass der Papst den Frieden, die Brüderlichkeit und die Nächstenliebe voranbringen will.«

Einige Wochen später wurde Estela Carlotto von Papst Franziskus empfangen. Gleich nach der Wahl und bis wenige Tage vor der Begegnung zwischen Estela und dem neuen Pontifex veröffentlichte ich für die Tageszeitung *Avvenire* die erste Gegenuntersuchung zu den Vorwürfen, die man dem früheren Jesuitenprovinzial in der Öffentlichkeit machte. Fünf Folgen, die eine nach der anderen die andere Wahrheit zutage förderten – bis hin zum Epilog, der den Journalisten Verbitsky schließlich dazu brachte, seine früheren Anschuldigungen zurückzuziehen.

Am 24. April standen Bergoglio und Carlotto einander gegenüber. »Die Kritik steht im Raum, die löst sich von einer Umarmung nicht in Luft auf. Doch die Kritik war konstruktiv, nicht absolut. Die Wahrheit kränkt nicht«, sagte die Vorsitzende der Großmütter von der Plaza de Mayo. »Von unserer Seite gibt es keinen Hass, keinen Groll, aber die Wirklichkeit des Staatsterrorismus ist eine belegte Tatsache, die man nicht infrage stellen kann und die der Kirche bekannt war.« Dennoch äußert Estela Carlotto »große Zufriedenheit, weil die Begegnung mit dem Papst uns Hoffnung gegeben hat und sich nun vielleicht ein Weg auftut, um die Kinder und Enkel der Verschwundenen wiederzufinden [...] Für uns hat Bergoglio keine Schuld. Was wir wollen und fordern ist, dass diese ›Enkel‹ erfahren dürfen, wer ihr Vater ist, wer ihre Mutter ist. Die Kirche weiß: Mit ihren Verzeichnissen kann sie dabei helfen.« Die Antwort des Papstes ist mehr als ein Versprechen: »Verlasst euch auf mich.«

Die dunkle Legende vom »verräterischen Priester« erhält ferner Nahrung durch einige Fotografien, die seinerzeit manipuliert worden sind. Eine Aufnahme zeigt, wie Videla aus den Händen eines Priesters, der nur von hinten zu sehen ist, die Kommunion empfängt. In der originalen Bildunterschrift findet sich keinerlei Hinweis auf Bergoglio.

Das Foto stammt aus dem Jahr 1990, als der Jesuit 54 Jahre alt war, doch der Zelebrant, der dem General die Hostie reicht, ist eindeutig ein älterer Mann. »Der ehemalige argentinische Präsident Jorge Rafael Videla empfängt auf diesem Foto vom 20. Dezember 1990 in einer römisch-katholischen Kirche in Buenos Aires die Kommunion«, so lautet die eigentliche Bildunterschrift zu diesem Schnappschuss, der in der Fotoagentur Corbis aufbewahrt wird. Doch obwohl der Ausschnitt auf dem Foto es beinahe unmöglich macht, den Geistlichen zu identifizieren, wurde diese Aufnahme als schlagender Beweis für Bergoglios angebliche Verstrickung auch nach dem 1983 erfolgten Sturz des Regimes angeführt. Eine weitere Fälschung.

Nur langsam kam die Wahrheit ans Licht – wie im Fall der Jesuiten, die angeblich von ihrem Provinzial »geopfert« worden sind. Erst ganz allmählich gab der Schmerz der Versöhnung Raum, sodass er die Sache »zu den Akten« legen konnte und nun endlich »seinen Frieden mit jenen Ereignissen« gemacht hat. Pater Franz Jalics, Jesuit aus Ungarn, der in den Jahren der Militärdiktatur als Missionar in Argentinien war, hat mit eigener Hand einen Schlussstrich unter die Unterstellungen ziehen wollen, die seit Jahren die Lüge von einem Bergoglio nähren, der so zynisch gewesen sei, dass er zwei Mitbrüder an die Militärpolizei auslieferte.

Jalics, den in Buenos Aires alle Francisco nannten, ist einer der beiden Missionare, die 1976 mit dem Vorwurf, die kommunistische Guerilla unterstützt zu haben, verhaftet und fast sechs Monate lang festgehalten und gefoltert wurden. Einigen lokalen Quellen zufolge soll Papst Franziskus seine beiden Mitbrüder nicht beschützt haben.

Der betagte ungarische Priester hat eine kurze Stellungnahme in deutscher Sprache verfasst: »Seit 1957 lebte ich in Buenos Aires. Im Jahre 1974, vom inneren Wunsch bewegt, das Evangelium zu leben und auf die schreckliche Armut aufmerksam zu machen, und mit der Erlaubnis von Erzbischof Aramburu und dem damaligen Provinzial P. Jorge Mario Bergoglio bin ich gemeinsam mit einem Mitbruder in eine ›Favela‹, ein Elendsviertel der Stadt, gezogen. Von dort aus haben wir unsere Lehrtätigkeit an der Universität fortgesetzt.«

Schon sehr bald begannen die Schwierigkeiten für die beiden Armenpriester. »In der damaligen bürgerkriegsähnlichen Situation wurden von der Militärjunta binnen ein bis zwei Jahren ungefähr 30.000 Menschen, linksgerichtete Guerillas wie auch unschuldige Zivilisten, umgebracht. Wir zwei im Elendsviertel hatten weder mit der Junta noch mit den Guerillas Kontakt. Durch den damaligen Informationsmangel bedingt und durch gezielte Fehlinformationen war jedoch unsere Lage auch innerkirchlich missverständlich.« Dieses Argument sollten Bergoglios Verleumder benutzen, um ihn zu den Komplizen der Folterknechte rechnen zu können.

»In dieser Zeit«, so Pater Jalics weiter, »haben wir die Verbindung zu einer Laienmitarbeiterin verloren, als die Person sich den Guerillas angeschlossen hatte.« Die Katechetin war vermutlich in den Untergrund gegangen und wurde neun Monate später verhaftet. Nachdem sie von den Soldaten der Junta verhört worden war, »haben diese erfahren, dass sie mit uns in Verbindung stand. In der Annahme, dass auch wir mit den Guerillas zu tun haben, wurden wir verhaftet.«

»Der Offizier, der mich verhört hat, bat um meine Dokumente«, erinnert sich der 86-jährige Pater Jalics. »Als er sah, dass ich in Budapest geboren war, hielt er mich für einen russischen Spion.«

Dennoch schien die Rettung nahe: »Nach einem fünftägigen Verhör hat uns der Offizier, der die Befragung geleitet hat, mit diesen Worten entlassen: ›Patres, Sie hatten keine Schuld. Ich werde dafür sorgen, dass Sie ins Armenviertel zurückkehren können.‹ Dieser Zusage zum Trotz wurden wir dann auf eine für uns unerklärliche Weise fünf Monate lang mit verbundenen Augen und gefesselt in Haft gehalten.«

Nach monatelanger Folter in der ESMA wurden Jalics und Yorio schließlich freigelassen. Bei seiner Befragung im Jahr 2010 (s. Anhang. S. 163–211) sagte Bergoglio aus, er habe mit einem Militärkaplan getauscht und sei persönlich mit General Videla zusammengetroffen, den er gebeten habe, die beiden Mitbrüder unverzüglich freizulassen.

»Ich bin mit den Geschehnissen versöhnt und betrachte sie meinerseits als abgeschlossen«, betont der ungarische Priester. Der andere Ordensmann, der bei ihm war, Orlando Yorio, ist 2000 eines natürlichen Todes gestorben. »Nach unserer Befreiung«, erzählt Pater Jalics, »habe ich Argentinien verlassen. Erst Jahre später hatten wir die Gelegenheit, mit P. Bergoglio, der inzwischen zum Erzbischof von Buenos Aires ernannt worden war, die Geschehnisse zu besprechen. Danach haben wir gemeinsam öffentlich Messe gefeiert und wir haben uns feierlich umarmt.« Diese mit Bedacht im Beisein der Gläubigen vollzogene Geste sollte den Verleumdungen ein Ende bereiten.

Am 15. März 2013 also erklärte Pater Jalics, er sei mit jenen Ereignissen aus den 70er-Jahren und mit seinem damaligen Pater Provinzial »versöhnt«. Zwei Tage, nachdem seine Erklärung von der Kurie der Jesuiten verbreitet worden war, kam der greise Pater noch einmal auf das Thema zurück, weil ein Teil der Medien ihn noch immer missverstand. Bei dieser Gelegenheit erklärte Jalics unter anderem, dass sowohl unter den argentinischen Jesuiten als auch »in kirchlichen Kreisen [...] schon in den Jahren davor falsche Informationen verbreitet [wurden], dass wir darum ins Elendsviertel gezogen sind, weil wir selbst zur Guerilla gehörten.« Gezielt gestreute Gerüchte, die jedoch bestätigen, dass es falsch wäre, »zu behaupten, dass unsere Gefangennahme auf die Initiative von Pater Bergoglio geschehen ist«.

»Orlando Yorio und ich wurden nicht von Pater Bergoglio angezeigt.« Zehn Wörter, die eine jahrelange Polemik beenden.

Es waren die Schergen des Regimes, die die beiden Häftlinge glauben machten, ihr Provinzial, der damals 36-jährige Pater Jorge, hätte sie »verkauft«. Kein Mittel benutzen die Regimes in aller Welt häufiger als Verleumdung und Diffamierung. »Früher neigte ich selbst zu der Ansicht, dass wir Opfer einer Anzeige geworden sind«, macht Jalics deutlich. »Ende der 90er-Jahre aber ist mir nach zahlreichen Gesprächen klar geworden, dass diese Vermutung unbegründet war.«

Dem Admiral die Stirn bieten

Die gegen den derzeitigen Papst Franziskus erhobenen Vorwürfe »sind von uns sorgfältig untersucht worden«, erklärt Germán Castelli, einer der drei Richter, die das Urteil im Prozess gegen die Militärs der ESMA gesprochen haben. »Wir haben alle Angaben überprüft und sind zu dem Schluss gekommen, dass Bergoglios Verhalten keine strafrechtliche Relevanz besitzt.« »Zu behaupten, Jorge Bergoglio habe jene Priester ausgeliefert, ist absolut falsch«, wiederholt der Richter.

Vor den argentinischen Ermittlern hatte sich der Kardinal von Buenos Aires einem Hagel aus Fragen gestellt. Diese wurden am 23. April 2011 vom Bundesgericht Nr. 6 in 33 Fragen wieder aufgegriffen, die der spätere Papst diesmal schriftlich beantwortete.

»Ich habe getan, was ich konnte, was mir möglich war in meinem damaligen Alter [von unter 40 Jahren, *A. d. R.*] und mit den wenigen Beziehungen, die ich hatte, um mich für die Freilassung verschleppter Personen einzusetzen«, berichtete Bergoglio.

»Zweimal«, so erklärte der Jesuit, der einmal Papst werden sollte, »habe ich General Jorge Videla und Admiral Emilio Massera gesehen, weil man in dieser schwierigen Zeit nicht so ohne Weiteres empfangen wurde.« Beide versuchten ihn irrezuführen.

Der junge Provinzial der argentinischen Jesuiten stellte Nachforschungen über einige Priester an. Er wollte, wie er sagte, diejenigen retten, die verhaftet worden waren. Und er wollte die Verräter auf Abstand halten. Er wusste nicht, wer sie waren und auf welche Weise sie ihre Informationen weitergaben; deshalb hatte er seinen Mitbrüdern geraten, sich mit äußerster Vorsicht zu bewegen, und er hatte sich eine Reihe von Strategien ausgedacht, um zu verhindern, dass ihre Briefe und Telefonate von den Militärs abgehört und überwacht wurden.

Regelmäßig erstattete Pater Jorge dem Generalat der Jesuiten in Rom Bericht, und die Weisung von dort war ebenso klar wie eindringlich: »die Mitbrüder zu retten«.

Während besagte Treffen in den Augen seiner Kritiker bewiesen, dass Bergoglio mit den Machthabern kollaboriert hatte, hatte er sich in Wirklichkeit – seinen eigenen Worten zufolge – bemüht, »herauszufinden, welcher Militärkaplan die Messe feierte«. Als er den Namen wusste, überzeugte Bergoglio den Soldatenpriester mit einer List, »sich krank zu melden und mich an seiner Stelle zu schicken«.

Er ging allein und ohne Tarnung und riskierte es, sein Gesicht zu verlieren. »Die Generäle sagten mir, sie hätten von dem, was vorgefallen war, keine Kenntnis und würden es überprüfen. Als ich erfuhr, dass die Priester sich in der ESMA befanden, bat ich Videla erneut um eine Audienz und informierte ihn.«

Das war ein geschickter diplomatischer Schachzug, denn es war ausgeschlossen, dass Videla wirklich nichts darüber gewusst hatte. Bergoglio wollte nun offenbar den Juntachef, der ihm noch vor Kurzem versichert hatte, nicht informiert zu sein, aus der Reserve locken. Was dann folgte, war ein zermürbendes Spiel mit angeblichen Zuständigkeiten. »Videla behauptete, dass das Heer und die Marine getrennte Kommandos hätten, deshalb würde er mit Massera sprechen, aber es sei nicht einfach.«

Seither sind viele Jahre vergangen, doch die abendliche Messfeier mit den obersten Schlächtern wird Bergoglio wohl niemals vergessen: »Ich erinnere mich, dass es ein Samstagnachmittag war und ich am Sitz des Oberbefehlshabers des Heeres im Beisein der ganzen Familie Videla die Messe feierte. Dann habe ich um ein Gespräch mit ihm gebeten, mit dem General, um zu erfahren, wo sie die Priester gefangen hielten.«

Er brachte nicht viel in Erfahrung, aber er gab nicht auf – weil er nicht aufgeben wollte und in seiner Position auch nicht aufgeben konnte. Einem Freund vertraute der spätere Pontifex an, er habe in den Monaten, als seine Mitbrüder gefangen gehalten wurden, »verrückte Dinge getan«. »Ich bin nie in den Gefängnissen gewesen«, erzählte der damalige Primas von Argentinien, »bis auf ein Mal, als ich gemeinsam mit anderen einen Luftwaffenstützpunkt in der Nähe von San Miguel in der Ortschaft José C. Paz besuchte, um Näheres über das Schicksal eines *Muchacho* in Erfahrung zu bringen.« Bis zu jenem dramatischen Nachmittag des Jahres 1977.

Alicia Oliveira erklärt uns die Zusammenhänge: Nach der Festnahme der beiden Jesuitenpatres Jalics und Yorio, so erzählt die befreundete Anwältin vom *Centro de Estudios Legales y Sociales* (CELS), »fand Jorge heraus, dass die Marine sie hatte, und ging zu Massera. Er sagte ihm, er als Provinzial werde den Vorfall publik machen, wenn die Priester nicht freigelassen würden.«

Bergoglio hatte Jalics' Familie zugesagt, dass er alles tun würde, um seine Freilassung zu erwirken. In einem

Brief vom 15. Oktober 1976 (aus dem wir hier zum ersten Mal zwei Abschnitte veröffentlichen) hatte der Provinzial geschrieben: »Ich habe viele Schritte unternommen, um Euren Bruder freizubekommen, bis jetzt haben wir keinen Erfolg gehabt, aber ich habe die Hoffnung nicht aufgegeben, dass er bald entlassen wird. Ich habe entschieden, dass die Frage meine Aufgabe ist.« Dann fügte er hinzu: »Die Meinungsverschiedenheiten über das Ordensleben, die Ihr Bruder und ich miteinander hatten, haben nichts mit der derzeitigen Situation zu tun«, Jalics »ist ein Bruder für mich«.

Die »heftige« Begegnung zwischen Massera und Bergoglio kann nun zum ersten Mal bis ins kleinste Detail rekonstruiert werden.[25] Als er Bergoglio sah, ging der Admiral demonstrativ auf ihn zu. Im Beisein seiner Entourage zeigte er sich beinahe aufdringlich jovial. In Wirklichkeit wollte er ihn so in den Augen der Anwesenden lächerlich machen, weil er glaubte, dass dieser Priester niemals den Schneid haben würde, ihn, den jähzornigen Massera, herauszufordern und sich damit zwangsläufig in Schwierigkeiten zu bringen.

Es war kein Gespräch, sondern eher ein verbaler Schlagabtausch. »Schauen Sie, Bergoglio …« Diese saloppe Art konnte dem Jesuitenprovinzial nicht gefallen. Er war nicht der Typ für Vertraulichkeiten. An diesem Tag schon gar nicht.

»Schauen Sie, Massera …«, gab er im selben Ton zurück. Der Admiral, stocksteif in seiner weißen Uniform,

---

[25] Auf der Grundlage der bei den Recherchen für das vorliegende Buch zusammengetragenen Aussagen und der im Anhang veröffentlichten *Befragung von Kardinal Bergoglio,* S. 163–211.

zog eine verdrießliche Miene. Vor allem, als der junge Priester nicht etwa den Blick senkte, sondern ihm fest in die Augen sah und ihm genauso demonstrativ Paroli bot.

»Schauen Sie, Massera, ich bin hier, um Ihnen zu sagen, dass ich als Provinzial den Vorfall publik machen werde, wenn Sie die Priester nicht freilassen.« Der Triumvir konnte nicht einmal mehr eine Antwort stammeln. Bergoglio hatte schon auf dem Absatz kehrtgemacht.

In der darauffolgenden Nacht wurden Pater Yorio und Pater Jalics betäubt und in einen Hubschrauber gebracht, der sie unversehrt, aber noch immer bewusstlos, mitten in einem Sumpfgebiet absetzte.

Kurz, die Vorwürfe gegen Pater Jorge »sind eine Gemeinheit«, um es mit Julio Strassera zu sagen, dem leitenden Staatsanwalt im historischen Prozess gegen die Militärjunta, die für die finsteren Jahre der *Desaparecidos* verantwortlich war. »All das ist absolut falsch«, sagt er kurz und knapp. Die argentinische Gerichtsbarkeit – das bestätigen auch Organisationen wie Amnesty International – gilt als die fortschrittlichste in Lateinamerika. Sie hat auch der Kirche gegenüber kein Auge zugedrückt, wie der Fall des Polizeikaplans Pater Christian von Wernich zeigt, der für seine Rolle bei Ermordungen, Entführungen und Folterungen verurteilt wurde.

Pater José-Luis Caravias
»Bergoglio hat die Geheimdienste irregeführt, um mich zu retten«

»Ich wurde in einem Polizeitransporter verschleppt. Die Fahrt dauerte mehrere Stunden. Ich wusste nicht, wohin sie mich brachten. Ich rechnete mit dem Schlimmsten. Dann öffneten sie die Schiebetür, stießen mich hinaus und fuhren mit Vollgas davon.« Nachdem sie weg waren, erfuhr Pater José-Luis Caravias, dass er sich in Clorinda auf argentinischem Boden befand. Ohne Geld, ohne Papiere, ohne Kleidung. Paraguay lag hinter ihm. Es war der 5. Mai 1972, der Tag seiner Ausweisung. Einer von vielen. Erst nach mehreren Rückschlägen würde ihm die demokratisch gewählte Regierung von Buenos Aires Asyl gewähren.

José-Luis Caravias hat starke Bauernhände und, seinem breiten Lächeln nach zu urteilen, offenbar ein sonniges Gemüt. Ein Blick in seine Augen verrät, dass er so manche Geschichte zu erzählen hat. Zu den rund 40 Büchern, die er geschrieben hat und deren Themenpalette von der Theologie im engeren Sinne über die Ökonomie bis hin zur Soziologie reicht, kommt ein Blog, in dem er ganz unverhohlen schreibt, was er von der Entwicklung Lateinamerikas hält. Denn das ist inzwischen seine Heimat. Vom sonnigen Andalusien ist ihm ein Traum von der Welt geblieben, der Cervantes sicherlich gefallen hätte.

»Ich kannte die Grausamkeit der Diktatur. Ich hatte sie am eigenen Leib erfahren.« Der spanische Jesuit wurde von seinen argentinischen Mitbrüdern in Empfang genommen, doch auch dort sollte sich die Situation zuspitzen. »Die ›Alarmglocke‹ war die Ermordung von Pater Mauricio Silva, dem Straßenkehrerpriester, der nach anhaltender Unterversorgung und brutalen Folterungen starb. Ich begriff, dass das nicht nur ein Zwischenfall war. Ich wusste es, weil die Dinge in Paraguay genauso liefen.«

Pater Mauricio Silva selbst hingegen hatte sich keine Sorgen gemacht. »Niemand wird einen wie mich ernst nehmen, der die Straße kehrt«, sagte der Straßenkehrerpriester, dessen Name heute auf der Liste der 30.000 *Desaparecidos* steht. Er war weit herumgekommen: Gebürtig aus Montevideo, gehörte er der Gemeinschaft der Kleinen Brüder vom Evangelium an, einer geistlichen Familie im Sinne Charles de Foucaulds, des französischen Ordensmanns, der unter den Nomaden der Sahara gelebt hatte, 1916 von einer Räuberbande ermordet worden war und 2005 von Benedikt XVI. seliggesprochen worden ist.

Bevor man ihn verschleppte, hatte Pater Silva bei Bischof Angelelli im Norden des Landes, bei den Salesianern in Patagonien und bei den Kindern der Ärmsten auf den Mülldeponien von Rosario gearbeitet. Nach Buenos Aires kam er 1970. Schon bald fand er eine Arbeit bei der städtischen Straßenreinigung von Flores.

Silva war vor den Risiken gewarnt worden. Ein Arbeiterpriester, der sogar die Straßen kehrte, konnte in den Augen des Regimes nichts anderes sein als ein gefährlicher Umstürzler. Doch er gab nicht viel darauf. Am Morgen des 17. Juni 1977, als er gerade eine Straße vom Müll des vergangenen Abends reinigte, wurde er von drei Männern festgenommen. Vom Nichts verschluckt. Er war damals 45 Jahre alt. Man weiß nur, dass einige Überlebende ihn in erbärmlichem Zustand in zwei der von den Militärs betriebenen geheimen Haftzentren gesehen haben. »Pater Silva wurde ermordet, weil er ein unbequemer Zeuge war.« Seine Beseitigung war ein Warnschuss.

»Das ist nicht der Moment, um den Helden zu spielen«, sollte Bergoglio einige Zeit später zu den exponiertesten Patres sagen. »Doch Jalics und Yorio wollten nicht auf ihn hören«, fährt Caravias fort. »Aber er hatte recht. Der Fall von Pater Silva hatte gezeigt, dass Ermordungen von Priestern nichts an den Plänen der Diktatur änderten und auch im Volk keine solche Entrüstung hervorriefen, dass sich das Regime vielleicht hätte einschüchtern lassen.«

Die Angst war stärker als die Wahrheit. Dennoch lernte Pater José-Luis die Lektion auch dieses Mal nicht. Er ging in die Provinz Chaco, die etwas größer ist als Portugal und wo es den Landwirten und Viehzüchtern nicht viel besser erging als den Tagelöhnern in Paraguay. Auch hier, in der weiten Ebene im Süden des Río Bermejo, gründete der störrische Jesuit eine Gewerkschaft: für die Holzfäller, die am meisten unter der Ausbeutung litten und von allen Arbeitern am schlechtesten bezahlt wurden. Es stand nicht zu erwarten, dass die Großgrundbesitzer der 26 Departements dem untätig zusehen würden. »Schon bald gab es Todesnachrichten und unverblümte Drohungen.« Man schrieb das Jahr 1973, und die Gesellschaft Jesu hatte seit Kurzem einen neuen Provinzial, den 36-jährigen Bergoglio.

»Dass ich heute noch am Leben bin, dass ich 40 Bücher schreiben und mich weiterhin bei den Armen für die Rechte der Schwächsten und für das Evangelium einsetzen konnte, kurz, dass ich ihnen erzählen kann, wie die

Dinge damals gelaufen sind, verdanke ich ihm«, erklärt Pater Caravias mit Bestimmtheit. Als unverwüstlicher Befreiungstheologe (»in der argentinischen Version«, wie er betont) sieht Caravias in den Angriffen gegen den neuen Papst die primitive Reaktion »gewisser Kreise des internationalen Kapitalismus«. Die Menschlichkeit, die Priester wie Pater Jorge ausstrahlen, sei ihnen ein Dorn im Auge. »Für seine Ankläger ist ein Papst, der die globale Armut anprangert, zu gefährlich«, sagt er.

Nach 14 Jahren als Missionar bei den Indios in Ecuador ging Caravias nach Paraguay. In den Augen der Militärs verhielt er sich wie ein perfekter Kommunist. Dort, wo die Jesuiten einst ihre außergewöhnlichen Missionsstationen betrieben hatten, organisierte er nun die Bauern und Tagelöhner in Gewerkschaften. Für die *Campesinos* hieß das, dass sie sich nun endlich auf dem Agrarlebensmittelmarkt Gehör verschaffen und, weil sie dank des Zusammenschlusses der Kleinerzeuger nicht mehr den Bedingungen der üblichen Profiteure unterworfen waren, tonnenweise Produkte umschlagen konnten.

Mit anderen Worten: Pater José-Luis war das, was man einen Hitzkopf nannte. 1935 in Alcalá la Real in Andalusien geboren, schloss er sein Studium in Málaga ab. 1953 begann er im Alter von 18 Jahren sein Noviziat. Seine Vorliebe galt den lateinischen Klassikern. Gleichzeitig träumte er davon, als Missionar ans andere Ende der Welt zu gehen. Für drei Jahre, von 1961 bis 1964, wurde er zum Studium nach Asunción in Paraguay geschickt. Im Land der ehemaligen *Reducciones* zu arbeiten, jener Missionsstationen, die den von den *Conquistadores* bedrohten Ureinwohnern ihre Würde zurückgegeben hatten, war für ihn sehr viel mehr als nur die nostalgische Begegnung mit einer der Mythen der Gesellschaft Jesu. Zurück in Spanien, um in Granada ein vierjähriges Theologiestudium zu absolvieren, »wurde mir das Privileg zuteil, in einem Viertel zu leben, das von Zigeunerfamilien bewohnt war«. Mit einem solchen Lebenslauf stand zu erwarten, dass Pater Caravias sich früher oder später in Schwierigkeiten bringen würde. 1967 zum Priester geweiht, kehrte er im Jahr darauf nach Paraguay zurück. Es war die Zeit der 68er Kulturrevolution und der konziliaren Erneuerung. Wie viele andere fühlte sich auch Pater José-Luis vom Duft dieses Frühlings angesteckt, der trotz zahlreicher Widerstände in der Gesellschaft und in der katholischen Kirche anbrach.

Einmal nach Südamerika zurückgekehrt, wollte er sich natürlich nicht mit einem bequemen Zimmer und einem Stapel Bücher zufriedengeben. Zuerst arbeitete er auf dem Land. Dann begann er sich als Bauernpriester in den Agrarverbänden für eine professionelle Ausbildung einzusetzen. Doch diese Karriere war nicht von langer Dauer: »Im März 1972 wurde ich von der Polizei gewaltsam entführt und, wie gesagt, in Clorinda auf der Straße ausgesetzt.«

In der argentinischen Provinz Chaco erging es ihm, wie wir bereits wissen, nicht viel besser. Ein Bischof, der ihn bei sich zu Hause empfing, um ihm seinen Schutz anzubieten, erklärte ihm, weshalb: »Ich habe hier auf meinem Tisch einige Briefe liegen, die du in Paraguay geschrieben hast«, sagte der Bischof, der einen weißen Poncho und gegen die Hitze den zerknautschten Hut eines *Campesino* trug. »Das Problem ist, dass sich das, was du da vertrittst, Marxismus nennt.« Er sprach mit der gütigen Entschiedenheit eines geistlichen Vaters, der sein Kind vor einer Irrlehre bewahren will.

So sehr ihn auch die kirchliche Soziallehre und die Befreiungstheologie faszinierten, glaubte Caravias doch nicht, dass man ihn als Marxisten bezeichnen könne. Doch auch diesmal machte er sich nicht mehr Sorgen als unbedingt nötig. Er hielt sich an das geflügelte Wort, das damals unter den Theologen der neuen Generation in Umlauf war: »Fürchtet euch vor nichts, auch nicht vor dem Vatikan!«

Angesichts der Schwierigkeiten, in die er sich auf seiner Pilgerfahrt durch den halben *Cono Sur* und von den Missionen in Ecuador über Peru bis nach Bolivien immer wieder gebracht hatte, war Caravias gezwungen, heimzukehren – ins Exil. Zu jener Zeit hatte er von Bergoglio keine gute Meinung. Vor allem, weil der Provinzial es gewesen war, der – obwohl es ihm wiederholt gelungen war, ihn vor den üblen Plänen der Militärs in Sicherheit zu bringen – dafür gesorgt hatte, dass er für einige Zeit nach Spanien zurückkehren und abwarten konnte, bis sich die Lage in Buenos Aires wieder beruhigte.

»Auf mein Drängen, nach Argentinien zurückkehren zu dürfen, antwortete Pater Bergoglio mir mit einem Brief vom 15. Juli 1975.« Bis zum Putsch sollten noch acht Monate vergehen, aber die Entwicklung war absehbar, die Talfahrt unaufhaltsam. Das Land war im Begriff, zu einem Gefängnis unter freiem Himmel zu werden. Von Chaco bis Patagonien ahnten inzwischen viele, dass dieses Schicksal unerbittlich auf sie zukam. Die internationale Gemeinschaft beschäftigten dagegen andere Dinge, und so hatten die Vereinigten Staaten angesichts der Massaker, die die Schlächter der anderen südamerikanischen Regimes angerichtet hatten, nicht einmal mit der Wimper gezuckt.

Bergoglio hatte die Lage klar erkannt und schon damals seine Vorkehrungen getroffen. Auf Pater Caravias' flehentliche Bitten reagierte er mit einem verschlüsselten Brief. Nach den brüderlichen Grüßen kam er auf das eigentliche Thema zu sprechen: »Was die Möglichkeit Deines Kommens betrifft, habe ich mit Ärzten und Spezialisten gesprochen, und sie sind sich einig, dass das Klima nicht gut für Dich ist, auch nicht für kurze Zeit, weil dann zu befürchten steht, dass Du einen Rückfall erleidest und Deine frühere Erkrankung wieder ausbricht.«

Ganz offensichtlich wusste der Provinzial, dass ihm die Geheimdienste im Nacken saßen. Wenn dieser Brief abgefangen worden wäre, hätte er schwerlich den Argwohn der Militärs erregt. Der spanische Jesuit war nicht gerade glücklich über diesen Bescheid, aber er sah ein, dass die Lage schlimmer war, als er es sich vorgestellt hatte. Der Ton des Schreibens und die Metapher über seinen Gesundheitszustand hatten ihn beeindruckt und Fragen aufgeworfen, auf die er im Jahr darauf eine dramatische Antwort erhalten sollte.

»Bergoglio hatte mich gewarnt, dass die rechtsextreme Terrorabwehrgruppe beschlossen hatte, mich zu liquidieren, und dass Spanien deshalb für mich der ›gesündeste‹ Aufenthaltsort sei.« Diese Befürchtungen waren nicht übertrieben und auch kein Vorwand, um die argentinische Ordensprovinz von einem unbequemen Geistlichen zu befreien. »Zwei meiner Priesterfreunde waren schon ermordet worden: Carlos Mugica und Mauricio Silva. Sicherlich war Bergoglio mit meinen organisatorischen Tätigkeiten unter den Leuten nicht ganz einverstanden. Vielleicht hatten die zahlreichen Polizeiberichte über meine Person Zweifel in ihm geweckt, aber er hat sich immer nobel verhalten, er hat mir nie eine andere ›Doktrin‹ aufgezwungen, und er hat mir geholfen, dem sicheren Tod zu entkommen. Dafür werde ich ihm immer dankbar sein.«

Hinzu kam, dass Pater Caravias, wie er sich erinnert, in jener gesetzlosen Gegend, die die Provinz Chaco damals war, »verhaftet und eine Nacht lang in einer Zelle festgehalten wurde«. »Um Mitternacht führten sie eine Scheinhinrichtung mit mir durch. Es war eine entsetzliche Nacht in einem schmutzigen Gefängnis. Damals habe ich gelernt, was es bedeutet, wenn dein Morgen völlig ungewiss ist, du nicht weißt, ob du den nächsten Tag erlebst. Heute kann ich sagen, dass ich gut daran getan habe, Bergoglios Ratschläge zu befolgen, sowohl seinen Vorschlag, das Land zu verlassen, als auch seinen Brief, in dem er mir erklärte, dass das Klima mir noch nicht bekommen würde.«

Gewiss hat es Pater José Luis, »wie viele andere von uns auch, viel Kraft gekostet, geheilt zu werden. Es ist nicht leicht, diese Gräuel zu vergeben und zu vergessen. Doch für mich und für viele andere wie Pater Franz Jalics war der Glaube an Jesus das Entscheidende.«

Martínez Ossola – La Civita – González
»Der Märtyrer Bischof Angelelli schickte uns zu ihm, damit er unser Leben rettete«

Zwischen dem 4. Juni und dem 4. August 1975 wurden allein in der Provinz La Rioja im äußersten Norden von Argentinien acht Studenten ermordet. Auch Bischof Enrique Angelelli und drei seiner jungen Seminaristen, Enrique Martínez Ossola, Miguel La Civita und Carlos González, waren ins Visier der Militärs geraten. Angelelli machte sich große Sorgen um die Priesteramtsanwärter. Er fürchtete, dass sie den *Grupos* in die Hände fallen würden, die mit der Hatz auf die Dissidenten beauftragt waren und so das Land sozusagen gegen den »marxistischen Virus« immunisieren sollten. Der Bischof war ein exponierter Vertreter der Befreiungstheologie, und in seiner Diözese im Nordosten, am Fuß der argentinischen Anden, spielte das Thema der sozialen Gerechtigkeit eine große Rolle.

Im Distrikt La Rioja gibt es noch heute keine nennenswerten Alternativen zur Fabrikarbeit oder der Plackerei auf den Feldern. In dieser Gegend genügte es, Gewerkschafter zu sein oder bessere Arbeitsbedingungen zu fordern, um auf der »schwarzen Liste der subversiven Elemente« zu landen. Die Politik ist in diesem dünn besiedelten Gebiet, wo keine 200.000 Menschen leben, mehr als eine lokale Angelegenheit. Gerade aus dieser Region, die mit den schwierigen

Klimaverhältnissen der Halbwüste zu kämpfen hat, stammen – Ironie des Schicksals – zwei Präsidenten: Isabelita Perón, die zweite Frau des argentinischen »Neugründers«, und Carlos Menem, das charismatische und umstrittene Staatsoberhaupt, das von 1989 bis 1999 zwei Amtszeiten in der *Casa Rosada* regierte. Die Hauptstadt La Rioja ist 1.500 Kilometer von Buenos Aires entfernt, und diese Entfernung ist nicht nur geografischer Natur: Außer der Gastronomie und den *Telenovelas* gibt es zwischen den Einwohnern der Hauptstadt und der Bevölkerung der Sierra nicht viele Gemeinsamkeiten.

Auch Angelelli und Bergoglio hatten in Fragen der Theologie und damit auch auf pastoraler Ebene unterschiedliche Ansichten. Doch sie schätzten einander. Angelelli war kein Mann der Kompromisse. Nicht nur, weil er sich in seiner Diözese offen auf die Seite der *Campesinos* stellte und gegen die Ausbeutung der Tagelöhner durch die Großgrundbesitzer vorging, die zuweilen geradezu sklavenhalterische Züge annahm. Schon allein deshalb hatte das Regime ihn ins Visier genommen. Als Ausweg boten sie ihm an, in den Kasernen, in denen die Dissidenten gefoltert wurden, die Messe zu feiern. Er lehnte ab. Und er weigerte sich sogar, an der Seite von »General Präsident Videla« die Tribüne zu betreten – aus dem einfachen Grund, weil »der Bischof nicht die Hand desjenigen schütteln kann, der sein Volk unterdrückt«. Ein solcher Mann hätte seine Seminaristen niemals den Häschern ausgeliefert. Deshalb bat der Bischof, als er beschloss, sie in Sicherheit zu bringen, den Jesuitenoberen Pater Bergoglio, sich persönlich um sie zu kümmern. So kam es, dass sie im Ordenshaus von San Miguel in Buenos Aires Aufnahme fanden.

Keiner von ihnen kannte Bergoglio. Nach ihrer Ankunft im Kolleg rechneten sie damit, warten zu müssen, bis der Leiter des Hauses sie in sein Büro würde rufen lassen. Am Eingang wurden sie von einem noch recht jungen Jesuiten in Empfang genommen. »Willkommen, ich bin Pater Jorge. Ihr müsst die aus La Rioja sein.«

»Ja, das sind wir. Und Sie, woher kommen Sie?«, fragten sie ahnungslos.

»Ich bin der Pater Provinzial.« Vor Verlegenheit wären sie am liebsten im Boden versunken. »Er war die höchste Autorität der Jesuiten in Argentinien, und er hatte sich uns vorgestellt wie irgendwer«, erinnern sie sich heute.

Angelelli hatte den Seminaristen nicht gesagt, weshalb er sie nach Buenos Aires schickte. »Wir dachten, er hätte das getan, damit wir unser Studium abschließen«, erklärt La Civita. In Wirklichkeit wollte er sie vor den Säuberungsaktionen des Regimes in Sicherheit bringen. In den Augen der Militärs waren die drei jungen Männer aus La Rioja mit einer »zweifachen Erbsünde« behaftet: Sie verkehrten in den ärmsten Dörfern und, was noch schlimmer war, sie solidarisierten sich voll und ganz mit den Entscheidungen ihres Bischofs.

Enrique Angelelli war 1923 als Sohn italienischer Einwanderer in Córdoba geboren worden. 1961 wurde er mit nur 38 Jahren von Papst Johannes XXIII. zum Weihbischof von Córdoba ernannt. Im darauffolgenden Jahr nahm er an den Sitzungen des Zweiten Vaticanums teil und atmete jenen Geist der Erneuerung, der ihm letztlich die entschiedene Feindschaft der argentinischen Militärs einbrachte.

1964 wurde er mit 41 Jahren zum Bischof von La Rioja ernannt. Bei seinem Amtsantritt sagte er: »Ich komme nicht, damit man mir diene, sondern um zu dienen. Allen zu dienen, ohne Ansehen der Klasse, der Weltanschauung oder des Glaubens: Wie Jesus möchte ich Diener unserer Brüder, der Armen, sein.«[26]

Am 4. August 1976 war der Bischof auf dem Rückweg vom Dorf Chamical in die Stadt. Am Steuer des Wagens, der über die staubigen und schlechten Straßen holperte, saß der Priester Arturo Aldo Pinto. Die Landschaft in jener Gegend ist beeindruckend. Die Serpentinen, die zur Sierra hinaufführen, geben den Blick auf die Anden frei. Zwischen den über 1000 Kilometern, die den Distrikt La Rioja von der Bundeshauptstadt trennen, erstrecken sich Felder, Sümpfe und Weidegründe mit riesigen Rinderherden. Der Pickup, ein Fiat 125, fuhr gerade über eine dieser Hochgebirgsstraßen. Die Stimmung im Innenraum war nicht wirklich gut. Angelelli hatte bei seinem Besuch eine verängstigte Gemeinde vorgefunden, eine Herde ohne Hirten. Er hatte sie getröstet, es aber nicht bei ermutigenden Worten belassen. Es war ihm gelungen, vertrauliche Informationen über das Ende der beiden Priester Gabriel Longueville und Carlos de Dios Murias zu sammeln, die zwei Wochen zuvor getötet worden waren: Schriftstücke, mit denen er die Verantwortlichen würde festnageln können. Während sie an einem Canyon entlangfuhren, wurde Angelellis Wagen von einem Peugeot 404 überholt, der den Fiat von der Straße abdrängte, bis er in den Abgrund stürzte. Angelelli war beinahe sofort tot. Pater Arturo Pinto verlor das Bewusstsein, sodass die Killer dachten, sie hätten ihren Auftrag ausgeführt. Es sollte aussehen wie ein Verkehrsunfall.

Der Fall wurde noch am selben Tag von der Polizei zu den Akten gelegt. Pinto, der sich retten konnte und die

---

[26] Zitiert nach: Nie wieder!, S. 185.

Kraft fand, den Vorfall anzuzeigen, protestierte vergeblich. Im Wrack des Fiat 125 wurde kein einziges Stück Papier gefunden. Der Ordner über die Liquidierung der beiden Priester war verschwunden.

20 Jahre später sollte ein Zeuge bei einem der Prozesse gegen Diktator Videla aussagen, das komplette Dossier sei wenige Tage nach Angelellis Ermordung im Innenministerium aufgetaucht. »Aus einem von englischen Spionen abgefassten vertraulichen Bericht vom Mai 78 geht hervor, dass Msgr. Achille Silvestrini, stellvertretender Staatssekretär des Heiligen Stuhls, einem britischen Diplomaten anvertraut hat, die argentinische Regierung sei nicht in der Lage, die Frage nach den Menschenrechten detailliert zu beantworten; sie habe sich darauf beschränkt, Listen mit den Namen der inhaftierten oder verschwundenen Personen zu veröffentlichen.« Der Historiker Giuseppe Casarrubea hat das Dokument wiederentdeckt, als er zur Rolle der Briten und Amerikaner in der italienischen Politik gegen Ende des Zweiten Weltkriegs Nachforschungen anstellte.

Silvestrini enthüllt in diesem Gespräch eine bis dato unbekannte Tatsache: Der Vatikan hatte von Anfang an den Verdacht, dass es sich bei dem, was dem Bischof von La Rioja widerfahren war, nicht um einen Unfall handelte. »Der Heilige Stuhl ist davon überzeugt, dass der argentinische Bischof Angelelli ermordet worden ist. Sein Wagen« so der britische Bericht weiter, »stieß mit einem Lastwagen zusammen, als er von der Beerdigung dreier von der Polizei getöteter Priester zurückkam.«

Für das Gericht von Córdoba war »Bischof Angelellis Ermordung«, wie es in dem 2008 gefällten Urteil heißt, »Teil des von den Streitkräften, die Argentinien regierten, und von den Sicherheitskräften ausgeführten Plans der systematischen Beseitigung von Personen.«

Der damalige Präsident Néstor Kirchner erklärte den Tag von Angelellis Ermordung zum nationalen Trauertag. Ende 2006 hatte sich die Amtskirche praktisch noch gar nicht zum Schicksal des Bischofs geäußert. Doch in diesem Jahr jährte sich der fingierte Unfall zum 30. Mal und der Erzbischof von Buenos Aires, Jorge Bergoglio, beging öffentlich das Gedenken an den alten Freund. »Er hat sein Blut vergossen, um das Evangelium zu verkünden«, sagte er während einer Messe in La Rioja, bei der die Bischöfe des Landes anwesend waren. »Angelelli war ein Mann der Begegnung, der Peripherien, er war verliebt in sein Volk«, erinnerte sich Bergoglio und erwähnte auch die Priester Gabriel Longueville und Carlos de Dios Murias sowie den Laien Wenceslao Pedernera, die kurz vor Angelelli in La Rioja ermordet worden waren. Über ihren Tod hatte der Bischof Informationen gesammelt, die die Regierung der Generäle kompromittiert hätten.

An dem Tag, als der Wagen des Bischofs von der Straße abgedrängt wurde, hielt Bergoglio sich gerade in Peru auf. Als er die Nachricht erhielt, kehrte er nach San Miguel zurück. Martínez, La Civita und Caravias waren zutiefst erschüttert und hatten Angst vor dem, was womöglich noch geschehen würde.

Sie weinten noch um ihren Bischof, als sich plötzlich mitten in der Nacht vom Korridor her rasche, schwere Schritte näherten. Sie zitterten vor Angst, und sie hatten allen Grund dazu: Es herrschte Ausgangssperre. Niemand außer den Militärs ging um diese Zeit noch draußen spazieren, und wenn doch, dann machte er ganz gewiss nicht einen solchen Lärm. Je näher das Klack-Klack der Absätze kam, desto klarer wurde ihnen, dass das Geräusch sich dem Zimmer näherte, in dem sie beieinandersaßen. »Ich bin's, Jorge«, flüsterte Bergoglio von der anderen Seite der Tür. Er kam herein, umarmte sie alle und versuchte sie zu trösten. In Anbetracht der Vorfälle blieb für Tränen nicht mehr viel Zeit. Diesmal nannte der Provinzial die Dinge beim Namen. Erst in diesem Augenblick erkannten die drei, weshalb Angelelli sie damals wirklich nach Buenos Aires geschickt hatte – und zwar daran, wie, in welchem Ton und worüber er sprach. »Ihr dürft euch auf keinen Fall trennen«, schärfte Pater Jorge ihnen ein. »Ihr müsst immer zusammen bleiben und müsst euch vorsichtig bewegen. Wenn ihr zusammen bleibt, werden sie es schwerer haben, euch alle drei auf einmal zu verschleppen.«

Sie hätten nie damit gerechnet, dass sie sich in einer solchen Situation befinden könnten. Im Dunkel der argentinischen Nacht fühlten sie sich wie die Christen in den Katakomben. Sie begriffen, dass sie in Gefahr waren, aber Bergoglios väterliche Art beruhigte sie. »Wir waren sicher, dass wir uns in guten Händen befanden«, erzählten sie viele Jahre später.

Der Pater Provinzial gab den drei jungen Männern genaue Instruktionen. »Er sagte unter anderem, dass wir nach Einbruch der Dämmerung auf keinen Fall hinausgehen dürften, und riet uns, auch innerhalb des Kollegs vorsichtig zu sein.« Kein Platz konnte als wirklich sicher gelten. »Benutzt nicht die Haupttreppe, fallt möglichst wenig auf. Wenn ihr zu euren Zimmern oder anderen Räumen des Kollegs gehen müsst, dann nehmt den Aufzug.«

Doch damit war die Liste der Verhaltensregeln noch nicht vollständig. Ein weiterer kritischer Punkt war die Kommunikation. Deswegen sollten sie ihre Anrufe auf ein

Minimum reduzieren und dann ihre Botschaften zusätzlich am besten verschlüsseln, doch nicht so, dass es verdächtig wirkte. Um sich in dieser Weise zu verständigen, waren das Wetter oder der eigene Gesundheitszustand gute Themen. Hier konnte man Bilder und Metaphern verwenden, die am anderen Ende der Leitung in der richtigen Weise verstanden wurden.

Außerdem durften die Briefe nicht über das Postamt von San Miguel verschickt, sondern mussten Vertrauenspersonen ausgehändigt werden. Diese brachten sie dann in einer grenznahen Provinz zur Post, in der die Kontrollen nicht so streng waren und man die Korrespondenz schwerlich bis zu den Jesuiten des *Colegio Máximo* würde zurückverfolgen können.

Alle drei erlebten in jenen Monaten hautnah mit, welche Hebel Pater Jorge für die Freilassung der Patres Yorio und Jalics in Bewegung setzte. »Wir haben gesehen, wie er sich für sie ins Zeug gelegt hat. Er hat hinter den Kulissen versucht, zu einer Lösung zu kommen. Es ist ihm gelungen, sie zu retten, auch wenn es lange gedauert hat, bis klar wurde, dass beide Bergoglio ihr Leben verdanken.«

Während des Aufenthalts in San Miguel »begriffen wir«, berichtet Pater La Civita, »dass Bergoglio den Leuten unter dem Vorwand geistlicher Exerzitien Zuflucht im Haus bot. Von dort aus gelangten die Betreffenden dann mit neuen Papieren ins Ausland.« Ob er mehr hätte tun können? »Er war der Provinzial der Jesuiten, nicht Superman. Soviel ich weiß, hat er getan, was er konnte. Sogar mehr.«

Auch später sollte Bergoglio sie nicht aus den Augen verlieren. 1978, als das Militär die drei nicht mehr im Visier zu haben schien, fuhr Pater Jorge nach La Rioja, wohin die Seminaristen inzwischen zurückgekehrt waren.

»Er kam zu unserer Priesterweihe. Er sollte die geistlichen Exerzitien leiten. Und dieses Mal war es kein Vorwand. Bergoglio nahm diese Pflicht wie immer ernst. Ein bisschen zu ernst.« Denn in La Rioja herrschte in dieser Zeit eine entsetzliche Hitze. »Wir drei wollten uns in einem Bach ein bisschen abkühlen.« Was dann geschah, hat sich ihrem Gedächtnis unauslöschlich eingeprägt – eine Lektion à la Bergoglio. »Gut, kein Problem«, sagte der Provinzial unbeirrbar. »Und dann hat er seine Badehose angezogen, ist ins Wasser gesprungen und hat uns die Exerzitien im Fluss machen lassen.«

Pater Quique, einer der drei »Geretteten«, über die »Geheimnisse von San Miguel«

Wenn es um die Niederlage des Militärregimes geht, gibt es einen Beweis, der eine noch deutlichere Sprache spricht als die diversen Gerichtsurteile, und das ist das fröhliche Gesicht von Enrique Martínez Ossola, den alle »Pater Quique« nennen. Er ist Pfarrer an der Kirche *Anunciación del Señor* in La Rioja. Quique ist einer der drei Seminaristen, die der Märtyrerbischof Enrique Angelelli Bergoglio anvertraut hatte, damit er sie versteckt hielt.

Pater Quique ist nach La Rioja zurückgekehrt, von wo ihn die Militärjunta hatte vertreiben wollen. Die Ereignisse von damals haben ihn nicht verunsichert, sondern in seinen Überzeugungen sogar noch bestärkt. »An der vorrangigen Option für die Armen wird nicht gerüttelt. Und mit Bergoglio in Rom gibt es kein Zurück«, sagt er.

Seine Darstellung bestätigt die Aussagen der anderen. »1975 reiste ich als Seminarist der Diözese La Rioja zusammen mit Miguel La Civita und Carlos González in die Gemeinde San Miguel in der Provinz Buenos Aires. Enrique Angelelli, unser Bischof, begleitete uns.«

Auf die Vertreter der Amtskirche mussten sie wie eine Gruppe von Unruhestiftern wirken. Sie hatten nicht diesen förmlichen Umgangston untereinander, wie ihn die Städter oft pflegten, und für Studenten legten sie reichlich wenig Ehrgeiz an den Tag. Eine Stadtrandpfarre schien ihnen als Zukunftsaussicht völlig zu genügen.

»Nach mehreren Versuchen, uns in der Bundeshauptstadt selbst oder in der näheren Umgebung unterzubringen, entschieden der Bischof und die Oberen der Universität San José, dass wir im Jesuitenkolleg leben sollten, um die für das Priesteramt erforderlichen Theologiekurse zu belegen.«

Bergoglio zögerte nicht, Angelelli den Gefallen zu tun. »Im Kolleg kam uns ein junger Priester entgegen, sehr herzlich. Er war der Pater Provinzial, die höchste Autorität der Gesellschaft Jesu in Argentinien, aber das wussten wir zunächst nicht. Er verstand unsere Lage sofort und war wie ein Bruder zu uns, ohne alle Förmlichkeit. Er und seine Mitbrüder ließen uns alle Freiheiten, sie bestanden nicht einmal darauf, dass wir uns an die Zeiten für das Mittag- und Abendessen hielten, alles lief so, wie wir es uns zeitlich einrichten konnten.«

Die zwanglose Atmosphäre stand ganz in Gegensatz zu der Ehrfurcht gebietenden Strenge des Ortes mit seinen hohen Fenstern, langen Korridoren, den Regalen voller Bücher und dem glänzenden Marmor.

»Wir hatten oft Gelegenheit, mit dem zukünftigen Papst gemeinsam zu essen, und das in einer sehr familiären Atmosphäre«, erinnert sich Quique Martínez. »Wir konnten uns für unser Studium gar keinen besseren Ort vorstellen.«

Die Befürchtungen waren nicht unbegründet gewesen: »Am 24. März 1976, dem Tag des Militärputschs, waren wir gerade mitten in einer Studienveranstaltung.« Auch wenn die Nachrichten von den Militärs zensiert wurden, waren sie noch dramatisch genug. »Kurz darauf erfuhren wir, dass das Haus in La Rioja, in dem wir gelebt hatten, durchsucht worden war und man viele der Bücher, die wir zum Studium genutzt hatten, konfisziert hatte.«

Und dann trafen weitere schlechte Nachrichten aus La Rioja ein. »Priester und Laien wurden ohne erkennbaren Grund verhaftet. Sie wollten Bischof Angelelli isolieren. In allen Verhören ging es immer um ihn.«

In der dünn besiedelten Provinz lebten manche Menschen Dutzende von Kilometern von der nächsten Kirche entfernt. Deshalb wurde die Sonntagsmesse, die Angelelli in der Kathedrale zelebrierte, immer im Radio übertragen. »Eine der ersten Maßnahmen der Militärs war, dass sie die Übertragungen nicht mehr genehmigten und durch die Rundfunk-Liveausstrahlung einer von einem Militärkaplan zelebrierten Liturgiefeier ersetzten. Kurz, die Situation hatte sich heillos verschlechtert. Sie verfolgten nur ein einziges Ziel: ein Klima des Misstrauens und der Verfolgung zu schaffen«, erzählt Pater Martínez.

Inzwischen hörte man in Buenos Aires von den ersten Verschwundenen: Personen, die verhaftet und dann von einer Wolke des Schweigens geschluckt worden waren. »Das war alltäglich geworden. Im Juni desselben Jahres wurden zwei Seminaristen von der Kongregation der Assumptionisten, Rodríguez und Di Pietro, im dicht besiedelten Viertel La Manuelita entführt. Wir teilten ihre theologischen Anschauungen. So brach im Land eine Epoche des Terrors an, und niemand blieb davon verschont: Studenten, Arbeiter, Gewerkschafter, Berufstätige, Katecheten. Jede Tätigkeit, die etwas mit sozialem Engagement zu tun hatte, war in den Augen der Militärbehörden suspekt.«

Am 4. Juli 1976 fiel einer ihrer Mitstudenten am *Colegio Máximo,* Emilio Barletti, dem sogenannten Massaker an den Pallotinerpatres zum Opfer: Die Polizei war davon überzeugt, dass die Priester der Pfarrei San Patricio mit einer Gruppe in Verbindung standen, die in einer Gemeinde im Elendsviertel Bajo Flores aktiv war. Wenige Wochen zuvor waren einige Aktivisten bei einer Razzia der Militärs verschwunden, darunter die Ordensfrau Mónica Quinteiro und die Studentin Mónica María Candelaria Mignone, Tochter eines der wichtigsten Menschenrechtsanwälte in Argentinien, Emilio Fermín Mignone. Sie wurden beschuldigt, mit Guerillagruppen zusammengearbeitet zu haben. Denselben Vorwurf machten die Behörden nun auch den Pallotinerpatres von San Patricio.

Das Blutbad geschah am Sonntag, dem 4. Juli – mitten im argentinischen Winter – um zwei Uhr morgens. Die Kirche San Patricio liegt im Viertel Belgrano, einer Enklave inmitten der gutbürgerlichen Wohngegenden der Hauptstadt. Vor dem Pfarrhaus, in dem die Priester lebten, hielt eine schwarze Peugeot-Limousine. Etwas weiter weg parkte ein Streifenwagen. Die Insassen der beiden Fahrzeuge verständigten sich mit Lichtsignalen über die Fernlichtscheinwerfer, bis die Polizisten schließlich den Rückwärtsgang einlegten und fortfuhren. Einigen Augenzeugen zufolge, die die Szene durch das Fenster beobachteten, war die Vorgehensweise abgestimmt. Andere dagegen sagten aus, die Streife sei zufällig vor Ort gewesen, weil General Martínez, der in der Nähe wohnte, einen terroristischen Anschlag befürchtete und die Polizei gerufen habe.

Nachdem die Polizisten außer Sichtweite waren, schritt die *Patota* zur Tat: Vier Männer stiegen aus. Als einer der Pallotinerpatres die Tür öffnete, wurde er mit vorgehaltener Maschinenpistole ins Innere gedrängt. Sie holten die anderen vier Geistlichen, die schliefen, aus ihren Betten, beschimpften und schlugen sie und befahlen ihnen schließlich, niederzuknien – ein wahres Exekutionskommando. Die blutüberströmten Leichen der Patres Leaden, Dufau und Kelly und der Seminaristen Barbeito und Barletti ließen sie nebeneinander ausgestreckt auf dem Boden liegen.

14 Tage danach, am 18. Juli, wurden in Chamical in der Provinz La Rioja die Priester Gabriel Longueville und Carlos Murias hingerichtet, eine Woche später der Laie Wenceslao Pedernera. Und wie schon erwähnt, wurde Bischof Angelelli ermordet, weil er Nachforschungen zu diesen drei Todesfällen angestellt hatte.

»Von diesem Augenblick an behandelte Pater Jorge uns mit besonderer Aufmerksamkeit und Zuneigung. Er hat uns nach Kräften geholfen, diese schwere Zeit durchzustehen«, erzählt Pater Quique heute. Und auch sie fühlten sich verpflichtet, dem Pater Provinzial zu helfen, denn wenn auch die übrigen Jesuiten in San Miguel den wahren Grund ihres Aufenthaltes nicht kannten, hatten Quique und die beiden anderen Seminaristen inzwischen sehr wohl begriffen, warum Angelelli sie Bergoglio anvertraut hatte: damit sie nicht dasselbe Ende fanden wie die Patres Leaden, Dufau und Kelly, die Seminaristen Barbeito und Barletti und all die anderen, die dem Wüten der Militärs zum Opfer gefallen waren.

Ohne Aufsehen zu erregen und mit größter Verschwiegenheit »haben wir mit Bergoglio zusammengearbeitet und den jungen Leuten geholfen, die angeblich an den Studienveranstaltungen oder an Einkehrtagen teilnahmen, von denen wir aber wussten, dass sie gekommen waren, um den Verfolgungen zu entgehen«. Wie viele es waren? »Während unseres Aufenthalts in San Miguel haben wir uns um etwa 20 Personen gekümmert.«

Kurz nachdem Bergoglio auf den Stuhl Petri gewählt worden war, hat Pater Martínez an »Papst Jorge« geschrieben. Sie hatten immer in engem Kontakt gestanden. Quique hatte ihn regelmäßig über seinen geistlichen Werdegang und später über seine seelsorgliche Tätigkeit auf dem Laufenden gehalten. Und auch jetzt, da Bergoglio in Rom ist, informiert er ihn weiter über die Initiativen in La Rioja.

»Lieber Quique, heute habe ich Deinen Brief vom 1. Mai bekommen. Er hat mir viel Freude gemacht. Deine Beschreibung vom Kirchweihfest war sehr erfrischend«, hat ihm der Papst geantwortet. »Es geht mir gut hier, und ich habe angesichts der Ereignisse, die für mich völlig überraschend waren und die ich als Geschenk Gottes ansehe, meinen Frieden nicht eingebüßt. Ich versuche, so zu sein und zu handeln wie in Buenos Aires. Es wäre lächerlich, mich in meinem Alter noch zu ändern. Ich wollte nicht in den Apostolischen Palast umziehen. Dorthin gehe ich nur, um zu arbeiten und Audienzen abzuhalten. Ich bin in der Casa Santa Marta geblieben, einem Gästehaus, in dem wir während des Konklaves untergebracht waren und das Bischöfe, Priester und Laien beherbergt. So sehen mich die Leute, und ich kann ein normales Leben führen: öffentliche Messe am Morgen, Essen mit den anderen in der Mensa usw. Das alles tut mir sehr gut, und auf diese Weise bin ich nicht isoliert.«

Gott sei Dank »hat sich Jorge überhaupt nicht verändert«, freut sich Pater Quique, der in diesem Brief den

Geist des stillen Helden von vor 40 Jahren wiedererkennt. Und wie damals bittet Bergoglio stets um dasselbe: »Tu mir den Gefallen, bete für mich und lass für mich beten. Bestell schöne Grüße an Carlos und Miguel. Jesus segne Dich, und die heilige Jungfrau beschütze Dich. Dein Bruder Francisco.«

Pater Quiques Darstellung wird von mehreren Seiten bestätigt, zum Beispiel von anderen Priestern oder Angehörigen des Diözesanklerus, die zu jener Zeit mit den Jesuiten zu tun hatten. Zu ihnen gehören José Luis Vendramin, Carlos Gonzáles und Vicente Ramos. Sie haben schon mehrfach erzählt, wie sie von Pater Bergoglio beschützt wurden und während der »geistlichen Exerzitien« im Kolleg von San Miguel das Kommen und Gehen anderer junger Männer beobachten konnten, die ins Visier der *Patotas* geraten waren, jener bewaffneten Aktionsgruppen, die im ganzen Land Angst und Schrecken verbreiteten.

Am 28. März 2013 veröffentlichte der *Osservatore Romano* ein Interview mit Pater Vendramin, der heute in der Diözese San Miguel unweit des Häuserblocks, in dem sich das Institut der Jesuiten befindet, eine Pfarrstelle hat. Darin erinnert er sich an jene Jahre und wie er erfuhr, in welcher Gefahr Enrique Martínez und Miguel La Civita sich befanden. »Ich war hier in José Clemente Paz, aber ich besuchte das Seminar von San Miguel, wo die beiden wohnten und wo sich auch Bergoglio aufhielt. Das war eine wirklich schwierige Zeit damals. Das kann man sich nicht vorstellen, wenn man nicht selbst Argentinier ist. Die Priester gingen wirklich ein großes Risiko ein, weil sie zu den wenigen gehörten, die von Freiheit sprachen – in einer Zeit, in der es keine Freiheit gab.« Und weiter:

»Auch ich hatte drei Seminaristen bei mir. Und ich riet ihnen, vorsichtig zu sein, vor allem, wenn sie sich in der Nähe des Kollegs aufhielten und von den Militärs dabei beobachtet wurden.«

Sergio und Ana Gobulin
»Wir Katecheten in der *Villa miseria* verdanken ihm unser Leben«

»Sie schlugen die Türen ein und warfen alles durcheinander. Uns sagten sie, dass sie nach Waffen suchten.« Und das alles ohne jede Rücksicht auf das kleine Mädchen, das alles mit ansah, und auf eine Familie, deren einziges Verbrechen darin bestand, sich für die Rechte und die Würde der Ausgegrenzten eingesetzt zu haben. Sie wollten sie einschüchtern.

Der Geheimpolizei missfiel diese Idee von der »Befreiung«, die in jeden Winkel der Gesellschaft vordrang und die unterschiedlichsten Strukturen durchdrang: die weltoffene Kirche, in der Erfahrungen und Persönlichkeiten zusammentrafen, die sich sonst nie begegnet wären, die Gewerkschaftsorganisationen, die Universitätsfakultäten, die Wohnviertel überall in Argentinien.

In den Stimmen von Sergio und Ana Gobulin schwingen viele Gefühle mit, wenn sie erzählen. Sie machen deutlich, dass sie erst noch die Fäden ihrer Erinnerungen entwirren müssen, um die Bedeutung der vergangenen Ereignisse zu verstehen.

»Bergoglio war, anders als einige uns glauben machen wollen, ein Teil dieses neuen Klimas. Er stand mit beiden Beinen fest auf dem Boden der christlichen Wertetradition und war dabei viel weitsichtiger, als wir es uns vorstellen konnten«, sagt Sergio. Mit diesem gesunden Realismus gelang es Pater Jorge, den beiden klarzumachen, dass sie ihre Mission nicht fortsetzen könnten, wenn sie tot wären.

Ohne Selbstmitleid erzählen sie, wie es damals war. Seit sie vor 30 Jahren unter abenteuerlichen Umständen aus Buenos Aires geflohen sind, leben sie in Italien. Es war nicht einfach, wieder im Friaul heimisch zu werden. Von dort aus waren die Eltern damals mit dem kleinen Sergio in die Welt gezogen. Er war zu dieser Zeit ein Dreikäsehoch, der noch nicht ahnte, welches Schicksal ihn in diesem fernen und hoffnungsschwangeren Land erwartete.

Jetzt, da er auf die 70 zugeht, wägt Gobulin jedes Wort und jede Erinnerung sehr genau ab wie jemand, der sichergehen will, dass nur das auf der Lebenswaage landet, was wirklich Gewicht hat. »Unter dem Eindruck der nachkonziliaren Entwicklungen beschloss ich, die Provinz Santa Fe zu verlassen und in der Bundeshauptstadt Theologie zu studieren.« Das Jesuitenkolleg in San Miguel ließ auch Laien zu. Sergio erzählt weiter: »Weil das meinen Überzeugungen entsprach, beschloss ich 1970, noch während des Studiums, in einer *Villa miseria* [einem Elendsviertel, *A. d. R.*] am Stadtrand von Buenos Aires zu leben. Zusammen mit immer mehr Menschen aus der Nachbarschaft engagierten wir uns in unterschiedlichen Bereichen: Wir unterstützten verarmte Familien aus dem Landesinneren und den angrenzenden Staaten, richteten eine Abendschule zur Alphabetisierung der Erwachsenen ein, kümmerten uns um Gesundheitsfürsorge, um Hilfeleistungen für minderjährige Mütter und andere gemeinnützige Werke.«

Es war eine Zeit, in der es tatsächlich die Hoffnung auf eine gerechtere Gesellschaft gab, und dazu zählte, so erinnert sich Gobulin, »eine vorrangige Option für die Ausgegrenzten«. Diese Option bestand vor allem anderen darin, mitten unter ihnen zu leben.

In dieser Zeit lernte er Bergoglio kennen. Jorge war damals noch kein Priester. Er sollte am 13. Dezember 1969, vier Tage vor seinem 33. Geburtstag, geweiht werden. Sergio verdiente sich seinen Lebensunterhalt als Angestellter in einem der Forschungszentren der Gesellschaft Jesu. Hier lernte er auch seine spätere Frau kennen. Ana unterrichtete die Kinder einiger Dozenten.

Auf Tausenden von Kilometern sollte die Freundschaft zwischen Pater Jorge und Gobulin von da an wachsen, denn Sergio begleitete den zukünftigen Papst auf seinen Fahrten ins Landesinnere. Auf dem Weg durch die unendlichen Weiten der Pampa oder durch vergessene Elendsviertel »sprachen wir nicht nur über den Sendungsauftrag der Kirche und das Engagement der Christen, sondern auch über die Situation in Argentinien, die Veränderungen, die Hoffnungen und die Probleme«.

In der *Villa miseria* half Sergio, Material für den Hausbau zu beschaffen, Straßen auszubessern, nach Überschwemmungen die betroffenen Familien zu unterstützen, Kanäle auszuheben und Leitungen für die Trinkwasserversorgung und andere gemeinschaftliche Strukturen anzulegen. Auf diese Weise entstanden eine Schule, ein Zentrum zur medizinischen Grundversorgung und eines zur Betreuung minderjähriger Mütter.

»Trotz großer Schwierigkeiten herrschte unter diesen Menschen eine Atmosphäre der Freude. Wir organisierten Feste und Tanzabende, um die nötigen Gelder zu sammeln und das Material zu kaufen, und ein großer Teil der Bevölkerung der *Villa* nahm daran teil. Im Scherz nannten wir das: Geld bei den Leuten sammeln, die keines haben.«

»Die Jahre der Diktatur waren Jahre, in denen uns alle Freiheiten verweigert wurden: die des Denkens, des Worts, der Information, des Handelns«, erinnert sich Gobulin. »Es waren Jahre der gnadenlosen Unterdrückung all derer, die sich der Junta widersetzten. Wir haben gemeinsam mit vielen anderen, vor allem jungen Menschen darauf reagiert, weil wir davon überzeugt waren, dass wir uns gegen diese Verweigerung zur Wehr setzen mussten, die die menschlichen Grundrechte mit Füßen trat. Wir haben Tag für Tag dagegen aufbegehrt, einfach mit dem, was wir in unserem Alltag taten. Und deshalb sind viele, mehr als 30.000, in den ›Tunnel des Verschwindens‹ geraten und nie wieder herausgekommen.«

Von der Schulfibel zum politischen Bekenntnis ist es nur ein kleiner Schritt. In der *Villa miseria* fingen die Leute an, sich Gehör zu verschaffen. Sie verlangten, dass man sie nicht länger wie Bürger dritter Klasse behandelte. Auch Bergoglio wollte, nachdem er zum Provinzial ernannt worden war, diese Lebenssituation näher kennenlernen. »Beim ersten Mal blieb er einige Tage bei uns. Als er ins Kolleg zurückkehrte, war er von dieser Erfahrung zutiefst beeindruckt.«

Sergio und Ana heirateten am 14. November 1975. Pater Jorge traute sie in einer Pfarrkirche in ihrem Viertel. Auch die Eltern der Brautleute waren dabei. Die Fotos von der Hochzeitsfeier haben sie jahrelang gehütet und versteckt wie einen kostbaren Schatz, der auf keinen Fall in die Hände der Polizei geraten darf.

Wenige Tage, nachdem sie einander ewige Liebe versprochen hatten, stellten die Militärs ihnen das Haus auf den Kopf. Die Jungvermählten waren gerade im Kino. Als sie nach Hause kamen, sah es in ihrer Wohnung aus, als sei ein Bataillon Planierraupen hindurch gefahren. »Wir hatten nichts Böses getan, wir besaßen keine Waffen, wir gehörten keiner terroristischen Vereinigung an«, sagt Sergio.

Zusammen mit seiner Frau und den Nachbarn brachte er das Haus wieder in Ordnung. Sie machten weiter, als wäre nichts geschehen, weil sie glaubten, dass die Agenten am Ende ihrer Nachforschungen zu der Überzeugung gelangen würden, dass sich hinter ihrem Engagement für die Ausgegrenzten keine geheimen Ziele verbargen.

So verging fast ein Jahr. Am 11. Oktober 1976 wurde Sergio Gobulin *chupado* (»geschluckt«): Am Morgen hatte er sich freigenommen, weil er einige Familienangelegenheiten zu regeln hatte. Auch Ana war zu Hause geblieben. Noch 24 Stunden, dann würde ihr Mutterschutz enden.

Die »Dissidentenfänger« – das zeigt einen gewissen Dilettantismus – wussten davon nichts, und so wäre die Operation um ein Haar ein peinlicher Fehlschlag geworden. Als sie feststellten, dass Sergio nicht im Büro war, eilten sie in sein Wohnviertel, um ihn dort zu suchen. Sie erwischten ihn auf der Straße, unweit der Baracke.

Sie traktierten ihn mit Fäusten, stülpten ihm einen Jutesack über den Kopf und fesselten ihm die Hände auf den Rücken. Dann brachten sie ihn weg, ohne dass er auch nur die Möglichkeit gehabt hätte, zu reagieren. Anas Kolleginnen dagegen konnten sie rechtzeitig warnen. Männer mit eindeutigem Gebaren waren an der Schule aufgetaucht, an der die junge Frau unterrichtete. Es gelang ihr, sich bei Bekannten zu verstecken und so dem denkbar schlimmsten Schicksal zu entgehen. Sergio nicht. 18 Tage blieb er in der Gewalt von Unbekannten, die ihn von einem Ort zum anderen brachten: Gefängniszellen, Privatwohnungen, Kasernen, wieder Gefängniszellen. Und immer dieselben

Fragen: »Was tut ihr in eurem Viertel? Wer gehört zu eurer Terroristengruppe?«

Sie tauchten auch bei Anas Eltern auf und suchten sie dort. Doch sie fanden keine Waffen, keine verdächtigen Dokumente. Rein gar nichts. »Was wollt ihr eigentlich?«, fragte ihre Mutter. »Wir wollen jene, die ihre Waffen im Kopf haben«, gaben sie zur Antwort.

Sobald Pater Jorge davon erfuhr, setzte er alle Hebel in Bewegung, um zweierlei zu erreichen: Sergio aus den Händen der Militärs zu retten und Ana in Sicherheit zu bringen. Wie gewohnt stellte der Jesuit als Erstes eigene Nachforschungen an. Er fragte herum. Er sah sich um. Er suchte einige Funktionäre auf, um sich bei ihnen für seine Freunde einzusetzen. Nach dem üblichen Hin und Her gelang es ihm, Sergio freizubekommen.

»Die 18 Tage meiner Entführung«, erzählt Gobulin, »waren wirklich hart, nicht nur wegen der physischen, sondern vor allem auch wegen der psychischen Folter. Nach meiner Freilassung erzählten mir meine Angehörigen von den Anstrengungen, die Pater Jorge und der damalige italienische Vizekonsul in Argentinien, Enrico Calamai, unternommen hatten, um mich zu finden und freizubekommen.«

Tausendmal befürchtete Sergio das Schlimmste in jenen Tagen, und er verlor jegliches Zeitgefühl. Am 29. Oktober war er ganz sicher, dass die Sache ein böses Ende nehmen würde. Sie knöpften ihn sich wieder vor, zum x-ten Mal. In Wirklichkeit war das das »Abschiedsgeschenk« der Folterknechte. Kein einziges Mal hatte er in diesen drei Wochen ihre Gesichter sehen können. Dann luden sie ihn auf der Straße ab, nicht weit vom Haus seiner Schwiegereltern entfernt. Er war so schmerzhaft gefesselt und geknebelt, dass es ihm nicht gelang, aufzustehen.

Es blieb nicht viel Zeit. Mithilfe der apostolischen Nuntiatur machte Bergoglio Enrico Calamai, den heldenhaften italienischen Konsul, der Hunderten von Menschen das Leben gerettet hat, auf die Sache aufmerksam.

»Nach meiner Freilassung brachte Calamai mich aus Sicherheitsgründen gemeinsam mit meiner Frau und meiner Tochter im italienischen Krankenhaus von Buenos Aires unter. Ana und ich überlegten uns, dass wir die Hauptstadt verlassen würden, sobald ich gesundheitlich wiederhergestellt wäre.«

Sie blieben über einen Monat in der Klinik. Eines Tages vertrauten sie ihrem jesuitischen Freund an, dass sie planten, sich ins argentinische Hinterland zurückzuziehen, weit weg von den Militärs, und dort neu anfangen wollten.

»Ihr müsst jetzt mutig sein. Der Schlamassel hier ist noch nicht vorbei, weder für euch noch für Argentinien. Sie werden weiter nach euch suchen. Hört auf mich und verlasst das Land«, redete Pater Jorge ihnen ins Gewissen. Sergio Gobulin erinnert sich: »Er erzählte uns von den verschiedenen Versuchen, mich freizubekommen und meine Unschuld zu beweisen. Dabei hatte er mit diversen Amtsträgern der Streitkräfte zusammentreffen müssen und drängte uns daher immer wieder, fortzugehen. Er wusste, dass andere Heereseinheiten mich noch immer suchten.«

»Sobald mein Gesundheitszustand dies zuließ, begleitete Doktor Calamai uns wegen der nötigen Papiere zu den zuständigen Stellen und bat mich, eine Aussage über das, was mir zugestoßen war, zu machen, weil dies der italienischen Regierung helfen würde, die Fälle zu dokumentieren, bei denen italienische Staatsbürger entführt worden und verschwunden waren.«

Auf die Frage, ob er diese Rekonstruktion der Ereignisse bestätigen könne, erklärte Calamai, er habe »nie direkt mit Bergoglio zu tun gehabt. Nicht einmal seinen Namen habe ich in jenen Jahren nennen hören.« Von der Nuntiatur jedoch hätten ihn einige »Hinweise erreicht, und es ist nicht ausgeschlossen, dass der auf die Gobulins einer davon war.« Sergio und seine Frau erzählen, dass sie drei neue, direkt vom italienischen Konsulat ausgestellte Pässe und Tickets – nur für die Hinreise – nach Italien erhalten hatten.

Calamai begleitete sie auch, als sie die übrigen Ausreisedokumente abholten: »Er stand sogar mit uns in der Warteschlange am Schalter. Es bestand die Gefahr, dass wir wieder entführt werden würden, doch in Gegenwart eines Diplomaten war dieses Risiko viel geringer«, erinnert sich Sergio voller Dankbarkeit an diesen großen Helden, der allen, die ihn darum baten, einen Geleitbrief ausgestellt und auf diese Weise Hunderte von Menschenleben gerettet hat. Eine solche Persönlichkeit hätte zumindest eine Beförderung oder sogar einen Sitz im Senat auf Lebenszeit verdient. Stattdessen kostete ihn sein beispielhafter Einsatz die Karriere.

Auch Jorge Bergoglio musste einen Preis zahlen, als die professionellen Verleumder ihn ins Visier nahmen. Nur das konnte Sergio und Ana dazu bringen, ihr Schweigegelübde zu brechen, das sie fast 40 Jahre lang gehalten hatten, und eine Geschichte zu erzählen, von der sie eigentlich zu niemandem hatten sprechen wollen. Heute sagen sie: »Wir wollen uns nicht an dieser Polemik über Bergoglios Verhalten während der Diktatur beteiligen und uns nicht auf die eine oder die andere Seite schlagen. Wir wollen jedoch ein öffentliches und nicht nur persönliches Zeugnis von jener

Zeit ablegen, das, so glauben wir, über Bergoglios Rolle hinausgeht.« Eines stellen Sergio und Ana klar: »Es geht uns nicht darum, unsere Freundschaft mit Pater Jorge publik zu machen oder davon zu profitieren. Der Mann, dem wir unser Leben verdanken, ist Papst geworden. Und wir, die wir ihn gut gekannt haben, können nicht anders, als es als ein Zeichen der Vorsehung zu betrachten.«

Die Folterknechte, die Zehntausende von Dissidenten in den Fluten des Río de la Plata ertrinken ließen, hatten nichts für feine Unterschiede übrig. Ihre Gleichung ließ keine Alternativen zu: Wer unter den Armen lebte, war ein »Kommunist«. Sergio und Ana dagegen verstanden es als ein Engagement, als Ausdruck der Solidarität, als ein Eintreten für die Ärmsten. Doch das reichte nicht.

»Ich erinnere mich noch, wie Jorge in meine Baracke aus Blech und Lehm kam«, erzählt Sergio. »Er blieb einige Tage, um geistliche Einkehr zu halten. In solchen Momenten verstand man, dass er nicht der Mann war, der in klimatisierten Räumen über Theologie debattiert und Vorlesungen hält. Er war ein Mann mit einer Mission. Er hat den Armen zugehört, sie wahrgenommen in ihrem Elend, aber auch mit ihren Ambitionen. Er hat sich auf ihre Wirklichkeit und ihr persönliches Leiden eingelassen, sich in die Tiefe ihrer Herzen versenkt, um dann daraus seine Botschaft der Hoffnung emporwachsen zu lassen.«

Pater Jorge sprach mit fast niemandem über seine Besuche in den Baracken. »Wir lebten in einer Zeit großer Veränderungen. Wir waren Teil einer Gemeinschaft, die sich endlich erneuerte. Es herrschte eine Aufbruchstimmung, die wir nie vergessen werden«, erinnern sich die Eheleute, die im Juli 2013 zum Weltjugendtag ins brasilianische Aparecida gepilgert sind, um ihren alten Freund in die Arme zu schließen, aus dem inzwischen *Papa Francisco* geworden war.

Noch einmal wiederholt Sergio, was er nicht in Vergessenheit geraten lassen will: »Ich hatte das Glück zu überleben. Doch das verdanke ich der Hartnäckigkeit wichtiger Menschen, die mich in den verschiedenen Kellern des Schreckens gesucht haben. Das ist der Kontext, aus dem Bergoglios Gestalt herausragt.«

In den *Cono Sur* zurückzukehren, ist für sie immer eine sehr emotionale Erfahrung. Unvergesslich, was sich dann am 17. Januar 1977 ereignete: An diesem Tag erreichten sie die Hafenmole in Buenos Aires. Auch Pater Jorge war da und sah zu, wie der Dampfer Furchen in das Licht der untergehenden Sommersonne zog, die sich im Wasser spiegelte. Es war ein Schiff wie jenes, mit dem Sergios Eltern einst nach Argentinien gekommen waren. Auch er hatte 27 Jahre zuvor als Vierjähriger die »neue Welt« betreten. »Als das Schiff ablegte, wurde uns bewusst, dass Pater Jorge uns das Leben gerettet hatte. Er hatte uns Geld gegeben, damit wir die Kosten für die Ausbürgerung bezahlen konnten. Wenn er nicht gewesen wäre, wären wir jetzt nicht hier und könnten nicht darüber sprechen.«

Zuweilen versteckt sich das Leben in einem Detail. Die makabre Buchführung über die gestrandeten Leben und die vielen zerplatzten Träume wäre vielleicht sogar noch schrecklicher ausgefallen, wenn es nicht solche Menschen wie Bergoglio gegeben hätte. »Abgesehen davon, dass er Menschen ›befreit‹ hat, die verschwunden waren oder zu verschwinden drohten, hat Pater Jorge indirekt unzählige Leben gerettet. Diese Einschätzung«, bemerkt Sergio Gobulin, »ist nicht das Ergebnis einer konkreten Beweiskette, sondern einer Überzeugung, die nach meiner Befreiung in mir gereift ist.« Ein Gedanke von großer Tragweite. »Um ihren Plan der Unterdrückung flächendeckend und engmaschig umzusetzen, wollte die Militärdiktatur ihren Opfern Berichte, Tatsachen, aber vor allem Namen entlocken. Den Opfern durch physische und psychische Folter oder auch durch die Verabreichung von Drogen die Namen von Freunden, Arbeitskollegen und Nachbarn abzupressen, war gängige Praxis, um weitere Menschen verschwinden zu lassen.« Die Gegenwehr fiel unterschiedlich aus: Manche gaben beim bloßen Anblick des »Folterbestecks« alle Informationen preis, andere waren halbtot, ehe sie schließlich zusammenbrachen. »Es liegt auf der Hand, dass das Durchhaltevermögen nachließ, je mehr Zeit man in den Schreckenskammern zubrachte.« Genau deshalb sind unzählige Menschen »ohne ihr Wissen« durch Bergoglios Engagement gerettet worden. »Wenn es ihm wie in meinem Fall gelang, die Zeit, in der man den Folterknechten ausgeliefert war, um Wochen oder gar Monate zu verkürzen, dann hatten sie die Namen, die sie haben wollten, sehr wahrscheinlich noch nicht herausgefunden. Deshalb sind Dutzende gar nicht erst von den Militärs behelligt worden, weil rechtzeitig verhindert wurde, dass die ›Verdachtsmomente‹, die sie betrafen, überhaupt bekannt wurden«, sagt Sergio.

Pater Jorge blieb mit Sergio und Ana in telefonischem Kontakt. Sechs Monate, nachdem sie nach Italien in See gestochen waren, wollte Bergoglio sich persönlich davon überzeugen, ob die Gobulins in ihrer neuen Heimat Fuß gefasst hatten. Also besuchte er sie im Friaul.

Im Jahr zuvor hatte ein verheerendes Erdbeben den Nordosten des Landes erschüttert. Auch während Bergoglios Besuch gab es mitten in der Nacht einen Erdstoß.

»Ich nahm meine Tochter und rannte aus dem Haus, während Sergio Jorge weckte«, erinnerte sich Ana. Von den Leuten, die auf der Straße waren, wusste niemand, dass der Gast der Gobulins ein Priester war. Die Menschen, die jetzt voller Schrecken an die Katastrophe des Vorjahres denken mussten, begannen in der Dunkelheit zu beten und den Schöpfer um seinen Schutz anzuflehen. Der argentinische Jesuit war von dieser Frömmigkeit so beeindruckt, dass er am nächsten Morgen durch die Straßen des Dorfs gehen wollte, um sich diese frommen Gläubigen genauer anzusehen. »Wir trafen einige von ihnen wieder. Jetzt, wo alles zur Normalität zurückgekehrt war, beteten sie nicht mehr, sondern fluchten.« Bergoglio brachte das nicht aus der Fassung. Er zog es vor zu schweigen und für diese Menschen zu beten.

Einige Jahre später, als die Familie Gobulin wieder einmal mit dem befreundeten Priester aus Buenos Aires zusammen war, erinnerte er sich an jenen kurzen Besuch im Friaul und fragte mit Schalk in den Augen: »Habt ihr da in eurem Dorf noch immer diese spezielle Art, zu beten?«

Es sind viele Erlebnisse mit Pater Jorge, die Sergio und Ana niemals vergessen werden. Zum Beispiel das an jenem Tag des Jahres 1978, sechs Monate nach ihrer Ausreise aus Argentinien, als der Provinzial Sergios Mutter besuchte, die mit dem Rest der Familie im Land geblieben war. Er gab ihr einen Umschlag, in dem Reisegeld steckte: »Fahr deinen Sohn besuchen.«

José Manuel de la Sota
»Alle wissen, dass er Dutzende von Leben gerettet hat«

»*Te queremos, Papa Francisco! Llenas de alegría nuestros corazones!*« (»Wir lieben dich, Papst Franziskus! Du erfüllst unsere Herzen mit Freude!«). Manche hielten die Botschaft, die der Gouverneur von Córdoba nur wenige Minuten nach der Papstwahl twitterte, für den üblichen Opportunismus von Politikern. José Manuel de la Sota gehört dem argentinischen *Partido Justicialista* an, opponiert aber seit 2011 gegen den Kirchnerismus und hat gemeinsam mit anderen Provinzgouverneuren ein peronistisches Bündnis gegründet.

Doch seine Begeisterung ist echt. De la Sota ist Bergoglio etwas schuldig. Es sind Schulden, die sich nicht tilgen lassen: »Er hat mir das Leben gerettet, als er mich aus dem Gefängnis holte.«

Córdoba und die Jesuiten standen von Anfang an in einem guten Verhältnis zueinander. Die *Manzana Jesuítica* und die *Estancias de Córdoba* sind von der Gesellschaft Jesu errichtete ehemalige Missionsstationen (und seit dem Jahr 2000 UNESCO-Weltkulturerbe). Zur *Manzana Jesuítica* im Stadtzentrum gehören die Universität Córdoba (eine der ältesten Universitäten von Südamerika), das *Colegio Montserrat,* eine Kirche und andere Gebäude, die Jahr für Jahr Tausende von Touristen anziehen. Der Komplex, dessen Gründung auf das Jahr 1615 zurückgeht, wurde 1767 von den Jesuiten aufgegeben, als König Karl III. von Spanien sie aus Südamerika vertreiben ließ. Die Franziskaner übernahmen die Stätte und gaben sie 1853 an sie zurück, als die Jesuiten wieder nach Amerika zurückkehren durften.

Die Bedeutung der Jesuitenmissionen in der Provinz Córdoba lässt sich schon daran ablesen, dass die Straße der *Estancias,* die die von der Gesellschaft Jesu errichteten Verwaltungsgebäude, Häuser und Kapellen miteinander verbindet, ungefähr 250 Kilometer lang ist.

In dieser Umgebung ist De la Sota also aufgewachsen, der in Córdoba am *Colegio de la Inmaculada* das Gymnasium besucht hat, ehe er Jura studierte und als Anwalt Karriere machte.

Schon Anfang der 70er-Jahre musste sich der spätere Gouverneur (der eine Zeit lang auch argentinischer Botschafter in Brasilien war) mit der Polizei auseinandersetzen, die ihn wegen seines »peronistischen Missionierens« verfolgte. Der Militärputsch des Jahres 1976 stellte die Uhren der Geschichte und den Kalender von Millionen von Menschen auf null.

»Pater Jorge hat mehrfach interveniert, nachdem meine Familie sich an ihn gewandt und ihm erzählt hatte, was mir zugestoßen war.« Der junge José Manuel wurde während einer politischen Versammlung in Villa Cura Brochero, einer Kleinstadt in der Provinz Córdoba, entführt. » Bergoglio setzte sich für mich ein, als ich von den Militärs verschleppt worden war. Er sprach viele Male mit Verantwortlichen, um mich frei zu bekommen«, erinnert sich der Politiker. Er weiß auch von anderen Rettungsaktionen, und das nicht nur vom Hörensagen: »Viele von uns haben, wenn sie unter der Militärdiktatur in Schwierigkeiten gerieten, seine gütige Hilfe erfahren«, beteuert er.

»Ich komme aus einer katholischen Familie«, erinnert er sich an seine Jugend. »Zahlreiche Priester und auch Bischöfe haben damals Gutes getan und viele Gefahren auf sich genommen. Bergoglio war einer von ihnen, und wer ihn angreift, tut das aus Niedertracht, weil alle wissen, was er getan hat, um Dutzende von Leben zu retten.«

Mehr sagt De la Sota im Moment nicht dazu. Er hat nicht die Absicht, die Polemik neu zu entfachen, und er will auch nicht als einer der vielen gelten, die sich ihrer direkten Bekanntschaft mit dem Papst brüsten, um ihren Lebenslauf aufzupolieren.

»Ich glaube, dass Argentinien gerade etwas ganz Besonderes erlebt: Ein Priester aus der Nachbarschaft ist Papst geworden, und er zeigt uns allen, dass er ein wirklich demütiger Mensch ist. Er weist uns einen Weg, wie wir eine neue Menschheit entwerfen und Wirklichkeit werden lassen könnten.«

Und dann kann er doch nicht an sich halten. Einen Satz muss er noch loswerden, selbst auf die Gefahr hin, sich bei seiner eigenen Partei unbeliebt zu machen: »Die wenigen, die schlecht über den Papst reden, sollten sich schämen.«

Juan Carlos Scannone
»Das erzähle ich jetzt zum ersten Mal: Er hat meine Verhaftung verhindert«

Am Ende dieses zweiten Teils kehren wir zurück zu jenem langen Gespräch, das ich zu Beginn meiner Recherchen mit dem Theologen Juan Carlos Scannone geführt habe, dem wichtigsten Vertreter der »Theologie des Volkes«, wie sie seit den 1980er-Jahren genannt wird. Mit den Befreiungstheologen verbinden den etwas über 80-jährigen Jesuiten der Drang nach sozialer Gerechtigkeit und die Forderung nach einer Ökonomie, die sich auf der Ethik gründet. »Im Einklang mit der kirchlichen Soziallehre«, wie er klarstellt. Darüber hinaus gibt es keine nennenswerten Berührungspunkte. Doch die Militärs nahmen es nicht so genau. Volk oder nicht, für sie waren das alles »Kommunistenpriester«.

Heute ist Scannone Leiter des Instituts für philosophische Studien an der Fakultät für Theologie und Philosophie von San Miguel – derselben Fakultät also, der Bergoglio von 1980 bis 1986 als Rektor vorgestanden hat. Sein erstaunliches Gedächtnis ermöglicht Pater Juan Carlos einen langen Ausflug in die argentinische Geschichte, der ihn von der Wiederherstellung der Demokratie bis zu den Anfängen der Diktatur führt. »Warum«, so frage ich ihn in der Hoffnung, die Fluten der außergewöhnlichen Lebensgeschichte dieses Glaubensmanns ein wenig eindämmen zu können, »hat man nie etwas davon gehört, dass Sie verfolgt wurden, obwohl Sie doch der herausragendste Vertreter einer Strömung gewesen sind, die der Militärjunta so verhasst war?«

»Weil ich bisher nie darüber sprechen wollte! Es ist so viele Jahre her, und mir lag nichts daran, Debatten und Streitereien über Erzbischof Bergoglio anzufachen. Jetzt, da mein Freund Jorge *Papst Franziskus* geworden ist, kann ich erzählen, dass er mir den Rücken freigehalten und mich gerettet hat. Und das gleich mehrfach.«

Ehe er auf das Thema zurückkommt, will Scannone noch erzählen, wie er den späteren Papst kennengelernt hat. »Er war mein Student in Griechisch und Literatur. Später haben wir dann die Rollen getauscht, und er wurde mein Spiritual, mein Rektor, dann mein Provinzial. Folglich war es beinahe selbstverständlich, dass wir tiefes Vertrauen zueinander hatten. Er war immer ein sehr besonnener und sehr intelligenter Mann, auch in praktischer Hinsicht. Er ist zum Beispiel ein guter Autofahrer. Als Rektor hat er auf einen Chauffeur verzichtet. Als er Erzbischof wurde, hielt er es genauso. Er kann mehrere Dinge gleichzeitig tun. Bei uns nennen wir solche wie ihn ›Orchestermänner‹, weil sie verschiedene Instrumente spielen können.« In einem Interview mit dem *Osservatore Romano* erinnerte sich Scannone, wie Bergoglio einmal »einen Artikel in die Maschine tippte. Danach wusch er Wäsche, und dann empfing er einen Gläubigen zum geistlichen Gespräch.« Auch in der Küche zeigte er sein Talent. Das gefüllte Ferkel »à la Bergoglio« ist ein Gericht, an das man im Kolleg noch heute gerne zurückdenkt.

Wie schon gesagt: Obwohl die Theologie des Volkes nur wenige Gemeinsamkeiten mit den sogenannten marxistischen Theologen hatte, empfand die Diktatur sie als

Bedrohung. Unterschiedslos verfolgten und misshandelten sie Ordensleute, gläubige Laien, Katecheten und Nonnen, die sich in den *Villas miseria,* den Elendsvierteln, engagierten. »Für die feinen Unterschiede hatten die Militärs keinen Sinn«, erklärt Scannone. »Von Befreiung oder von der vorrangigen Option für die Armen zu sprechen, bedeutete für sie nur eins: Kommunismus. Ich persönlich habe nie etwas mit dem Marxismus zu tun gehabt, und doch galt ich bei ihnen als Kommunist. Sogar der spätere Kardinal Eduardo Francisco Pironio, dessen Seligsprechungsprozess gerade läuft, wurde von den Geheimdiensten als hochrangiger Vertreter der ›roten Kirche‹ eingestuft.«

Doch was war das Besondere an der von Scannone vertretenen Befreiungstheologie? »Der Unterschied«, antwortet Pater Juan Carlos, »besteht darin, dass hier in Argentinien weder die marxistische Methode der Wirklichkeitsanalyse noch andere aus dem Marxismus übernommene Kategorien je zum Einsatz gekommen sind. Im Gegenteil, wir setzen uns nach wie vor dafür ein, dass die Volkskultur und Volksfrömmigkeit wieder neu gewürdigt werden. Daher auch die Bezeichnung ›Theologie des Volkes‹. Das Volk wird so zum Träger kultureller Werte, die durch die Volksfrömmigkeit die Inkulturation des Glaubens unterstützen, sowohl bei den Gläubigen als auch im ganzen lateinamerikanischen Volk. Kurz, diese theologische Strömung zieht die historisch-kulturelle der soziostrukturellen Analyse vor, wie sie für die Befreiungstheologie typisch ist.«

Dann erzählt Scannone, wie das Regime ihn und seine Kollegen und Mitbrüder ins Visier nahm. »Die Polizei war oft hier vor Ort, und das ganz sicher nicht, weil ihr die Sicherheit des Kollegs am Herzen lag. Einmal kamen sie nachts, das muss Ende '77 gewesen sein. Sie überwanden das Gitter und umstellten das Gebäude mit ihren Mannschaftswagen. Es war ein regelrechter Einbruch. Ich erinnere mich noch an das Dröhnen ihrer Schritte auf den Korridoren. Es war dunkel, und ich konnte nicht sehen, wie viele es waren. Doch aus dem Lärm, den ihre Lederstiefel in den Fluren machten, schloss ich, dass es mindestens 20 waren – die, die draußen Wache hielten, nicht mitgezählt. Uns klopfte das Herz bis zum Hals. So, wie sie vorgingen, hatte ich den Eindruck, dass die Armee den Befehl erhalten hatte, eine Razzia durchzuführen. Und zwar meinetwegen, glaubte ich. Ich dachte: Sie sind gekommen, um mich zu holen.«

Warum gerade ihn? »Ich galt als Vertreter der Befreiungstheologie, einer Strömung, die dem Regime ein Dorn im Auge war. Bergoglio machte mir immer wieder klar, in welcher Gefahr ich schwebte. Obwohl unsere theologischen Standpunkte verschieden, wenn auch, wie ich glaube, nicht so weit voneinander entfernt waren, wollte er nie, dass man mir den Mund verbat. Nicht einmal dann, als einige Bischöfe beim Pater Provinzial intervenierten und darauf hinwiesen, dass meine Ansichten als unbequem, um nicht zu sagen als ungebührlich galten. Doch Pater Jorge hat mich nie aufgefordert, das zu ändern. Er hat mir sogar erklärt, was ich tun musste, um die Zensur der Militärs zu umgehen und meine Überlegungen außerhalb von Argentinien bekannt zu machen.«

Wie reagierte Bergoglio auf die Durchsuchung? »Wie ein charismatisches Oberhaupt«, antwortet Pater Scannone. »Er sprach uns Mut zu, beruhigte jeden Einzelnen und legte den Militärs nahe, dorthin zurückzukehren, woher sie gekommen waren. Sie hatten kein Recht, da zu sein, und schon gar nicht, auf diese Art und Weise vorzugehen. Er wusste, dass sie sich nicht zurückziehen würden, aber er flößte ihnen durch sein Verhalten Respekt ein, denn im Kolleg hatten sie wirklich nichts zu suchen. Sein Ton war entschieden, aber nicht provokant. Es war eine gesetzlose Zeit damals. Deshalb durfte man der Armee auf keinen Fall einen Grund liefern.

Als wir unsere Zimmer verließen, um zu sehen, was vor sich ging, fiel uns auf, dass die Militärs schon ein etwas weniger martialisches Verhalten an den Tag legten. Es waren auch einige Jugendliche da, die uns vom Provinzial als Studenten ›auf Einkehrtagen‹ vorgestellt worden waren. Wir haben tatsächlich über 20 Jahre gebraucht, um die volle Wahrheit über Pater Jorges Rettungsaktionen herauszufinden.«

Die Razzia sollte sie einschüchtern, davon ist Scannone überzeugt. »Das hieß so viel wie: Wir beobachten euch von außen, aber wir können auch zu euch hineinkommen, wie und wann immer wir wollen. Jedenfalls hätte es gereicht, wenn man auf dem Schreibtisch von einem von uns ein Buch oder einen Hinweis auf Marx, eine ›verdächtige‹ Zeitschrift oder andere vermeintlich linke Lektüre gefunden hätte. Dann wäre diese Nacht ganz anders verlaufen.«

»Wie genau hat Pater Bergoglio Sie vor der Militärjunta gerettet?«, frage ich Pater Juan Carlos. »Um die Wahrheit zu sagen: Er hat mich auch vor gewissen Bischöfen beschützt«, erklärt der Theologe. »Es waren keine leichten Jahre. Als Provinzsuperior der Jesuiten war er zuallererst dafür verantwortlich, jeden von uns zu schützen. Es ist also auch kein Zufall, dass am Ende dieser blutigen Jahre kein einziger Jesuit durch die Diktatur getötet worden war, auch wenn das heute einige als Schuld betrachten möchten. Heute kann man die Dinge mit anderen Augen sehen und beurteilen, aber damals tat Bergoglio, was er in seiner Position tun musste. Er besprach sich oft mit dem Ordensgeneral, der über die Geschehnisse informiert war, und bot uns seinen Rat an, wie wir Schwierigkeiten vermeiden und die bedrückenden Kontrollen des Regimes umgehen konnten, ohne unsere Ideen deshalb aufgeben zu müssen.«

Was schlug Pater Bergoglio Scannone damals vor, damit er nicht »geschluckt« wurde und in einem der Konzentrationslager endete? »Sein erster Rat war, meine Artikel und Essays nie über das Postamt von San Miguel und schon gar nicht über das von Buenos Aires zu verschicken. Er hegte den Verdacht, dass die gesamte Korrespondenz und auch alle Telefonate überwacht wurden. Damit also meine Texte in internationalen Zeitschriften veröffentlicht werden konnten, musste ich sie von Postämtern aus verschicken, die weit genug von der Hauptstadt entfernt waren. Meine Beiträge sind tatsächlich nie den staatspolizeilichen Kontrollorganen in die Hände gefallen. Und in Europa fanden meine Ansichten weiterhin Verbreitung. Außerdem riet mir der Provinzsuperior – und das nicht nur aus Sicherheitsgründen –, nie allein in die Viertel zu gehen, in denen ich als Seelsorger tätig war. Ich sollte dafür sorgen, dass bei allem, was ich tat, immer Zeugen anwesend waren. Denn dann wären auch bei einer Verhaftung durch die Polizei, das Heer, die Marine oder die Luftwaffe Zeugen dabei gewesen. Das war eine der Methoden, die Bergoglio uns vorschlug, damit wir nicht aus dem Verkehr gezogen und von tiefstem Schweigen geschluckt wurden.«

Wie schon angedeutet, verriet Pater Bergoglio den Dozenten und Studenten des Kollegs mit keinem Wort, was es mit den verfolgten Jugendlichen, die in San Miguel Aufnahme fanden, tatsächlich auf sich hatte. »Das war wirklich außergewöhnlich. Wir haben nie auch nur den kleinsten Hinweis erhalten. Bergoglio sagte, dass diese jungen Leute, die kamen und eine Zeitlang blieben, sich über ihre Berufung klarwerden müssten oder beim Studium Hilfe bräuchten. Deshalb dachten wir, es ginge um geistlichen Beistand. Wir hätten nie gedacht, dass er ›Geheimoperationen‹ durchführte.«

Erst kürzlich hat Scannone herausgefunden, dass diese jungen Menschen keineswegs auf der Suche nach ihrer Berufung waren. »Als diese Geschichten ans Licht kamen und wir in der Jesuitengemeinschaft darüber sprachen, wurde uns klar, was der eigentliche Grund für diese Gastfreundschaft gewesen war. Das heißt, dass Pater Bergoglio die Sache nicht nur damals geheim gehalten hat, sondern dass er sich auch später nicht mit seiner ganz besonderen Mission brüsten wollte. Weil ich in mehreren Fällen direkter Augenzeuge war, kann ich mit Gewissheit und ohne den geringsten Zweifel sagen, dass Pater Bergoglio sich nicht nur dafür eingesetzt hat, Jesuitenpatres und Seminaristen zu schützen, die Hand über sie zu halten und sie zu retten, sondern auch dafür, junge Studenten zu verstecken, die ins Visier der Diktatur geraten waren und unter Vorsichtsmaßnahmen zu uns ins Kolleg gebracht wurden, um sie vor den Übergriffen der Polizei in Sicherheit zu bringen.«

Kann es sein, dass der damalige Jesuitenprovinzial so extrem verschwiegen war, weil er fürchtete, dass er niemandem wirklich trauen konnte? »Das war kein Misstrauen gegenüber seinen jesuitischen Mitbrüdern«, verneint Pater Juan Carlos. »Natürlich wollte er vermeiden, dass seine Tarnung aufflog, wenn auch nur durch unsere Naivität, mit der wir möglicherweise an die Sache herangegangen wären. Es waren Jahre der Angst, das dürfen wir nicht vergessen. Pater

Bergoglio durfte nichts riskieren. Wenn einer der Jesuiten vom Kolleg von den Militärs verschleppt worden wäre, wie hätte man dann sicher sein können, dass der Unglückliche nicht unter der Folter etwas über die geheimen Aktivitäten verraten würde? Deshalb musste absolutes Stillschweigen bewahrt werden. Außerdem wusste Pater Jorge, dass er mit dieser äußerst heiklen Mission nicht nur einzelne Jesuiten, sondern womöglich den ganzen Orden in Argentinien in Gefahr brachte. Wenn Videlas Häscher herausgefunden hätten, dass die Jesuiten von Buenos Aires sich unter Führung ihres Oberen heimlich an Aktivitäten beteiligten, die gegen den ›Prozess der nationalen Reorganisation‹ gerichtet waren, dann hätte dies ganz sicher Folgen gehabt, wie wir uns heute vorstellen können.«

Schließlich frage ich Pater Scannone, welche Meinung er sich über den Fall der beiden Jesuiten Yorio und Jalics gebildet hat, die entführt, gefoltert und nach fast sechs Monaten wieder freigelassen worden waren. »Pater Jalics hat jegliche Beteiligung Bergoglios dementiert. Ich persönlich war mir da schon seit Jahren sicher. Ich war eng mit Pater Orlando Yorio befreundet, und wir haben manchmal auch auf theologischer Ebene zusammengearbeitet. Weil Bergoglio zu der Zeit, als sie die beiden Patres verschwinden ließen, in unserem Haus in San Miguel lebte, hat er mir immer erzählt, was er tat und welche Informationen er sammelte, um herauszufinden, wer sie verschleppt hatte und wo sie festgehalten wurden. Auch der örtliche Weihbischof Mario Serra informierte uns über die Nachforschungen, die er anstellte, um ihre Freilassung zu erreichen. Ich kann bezeugen, wie besorgt der Pater Provinzial war und wie sehr er sich dafür einsetzte, beide wieder frei zu bekommen. Die Militärs leugneten, sie verhaftet zu haben, aber dann sickerte durch, dass sie in der Technischen Hochschule der Marine eingesperrt waren. Selbst als den Kerkermeistern klar war, dass Jalics und Yorio unschuldig waren, hielten sie sie trotzdem noch monatelang fest.«

Vielleicht wollten die Militärs die beiden Häftlinge als Geiseln benutzen, um die Jesuiten gefügiger zu machen. »Das kann sein, aber ich glaube, dass sie sie in Haft gehalten haben, weil sie nicht wussten, wie sie aus dieser Situation wieder herauskommen sollten«, erklärt Pater Juan Carlos. »Bergoglio war es gelungen, genaue Informationen zu beschaffen und die Generäle in die Ecke zu drängen. Am Ende wurden sie freigelassen. Sie konnten allerdings keine genauen Hinweise geben, wer sie eingesperrt und gefoltert hatte, denn während der ganzen Zeit ihrer Haft hatten beide immer eine Kapuze über dem Kopf, und vor ihrer Freilassung wurden sie betäubt. Außerdem muss man anerkennen, dass beide mit der Hilfe des Provinzials im Ausland Zuflucht fanden, sodass sie keiner weiteren, noch dramatischeren *Desaparición* zum Opfer fielen.«

Dritter Teil
Antworten

Amnesty International
»Kein Vorwurf an Jorge Mario Bergoglio«

Es ist ein Dokument »ausschließlich zum internen Gebrauch«, das Amnesty International eiligst am Tag nach dem 13. März 2013 verfasst, jenem Tag, an dem Jorge Mario Bergoglio Bischof von Rom geworden ist. Die internationale Menschenrechtsorganisation hat den Fall Argentinien eingehend geprüft. Millionen von Berichtseiten, Hunderte von Zeugenaussagen, ein ganzer Berg von Beweisen gegen das Regime. Ein Archiv mit Namen und Geschichten, das dazu beigetragen hat, die unablässigen Nachforschungen voranzutreiben, dank deren es letztlich gelungen ist, einige der ehemaligen Folterer ausfindig zu machen, die wieder untergetaucht waren – in der seltsamen Normalität eines Landes, in dem auch die Wahrheit lange Zeit zu den *Desaparecidos* gezählt hatte.

Ein paar Stunden nach der Abstimmung in der Sixtinischen Kapelle klingeln in den Büros, die Amnesty auf allen Kontinenten unterhält, immer wieder die Telefone. Es sind Journalisten und Aktivisten, die nach der Wahl des neuen Kirchenoberhaupts eine Stellungnahme wollen. Im Hauptquartier in New York wird ein Memorandum verfasst, das Richtlinien für den Umgang mit den Medien entwirft. Die Archive werden durchsiebt, die Datenbanken mehrmals abgefragt. Man sucht einen Namen: *Bergoglio.*

Kein Treffer. Also werden die Aktivisten mit einbezogen, die sich schon seit Längerem mit den *Desaparecidos* befassen, doch auch sie können sich nicht erinnern, dass sich irgendwann irgendein Vorwurf als zutreffend entpuppt hätte, nicht einmal in Ansätzen.

Weil die juristischen Nachwehen dieser Epoche noch nicht zur Geschichte zählen, gibt Amnesty mit der nötigen Vorsicht dem Führungspersonal einen unmissverständlichen Leitfaden an die Hand.

Der Text, den ich hier wiedergebe (das Original ist in englischer Sprache verfasst, die Übersetzung stammt von mir), ist ein Grundlagendokument für jeden, der den »Fall Bergoglio« verstehen will – schon allein deshalb, weil er von einer Organisation zur Kenntnis genommen und berücksichtigt wurde, deren Unabhängigkeit über jeden Verdacht erhaben ist. Ich gebe den Wortlaut im Folgenden vollständig wieder.

Amnesty International
Fragen und Antworten
Internes Dokument – nicht für öffentliche Erklärungen oder Stellungnahmen zu verwenden – nur zum »reaktiven« Gebrauch

14. März 2013

Die katholische Kirche und die Rolle des neuen Papstes während der letzten argentinischen Militärherrschaft (1976–1983)

Am Mittwoch, dem 13. März 2013, wurde ein neuer Papst gewählt, die höchste Autorität der katholischen Kirche. Die für dieses Amt bestimmte Person ist der argentinische Jesuit Jorge Bergoglio, der sich den Namen Franziskus gewählt hat. Bis zu seiner Wahl war Kardinal Bergoglio Erzbischof von Buenos Aires, Argentinien.

– Was denkt Amnesty International über die Wahl des neuen Papstes, der mit Menschenrechtsverletzungen während der Militärherrschaft in Argentinien in Verbindung gebracht worden ist?

Die Tragödie, die sich zwischen 1976 und 1983 in Argentinien abgespielt hat, als das Militärregime für systematische Menschenrechtsverletzungen verantwortlich war, war geprägt durch die Beseitigung Tausender Menschen. Amnesty International hat sich in jahrelanger Arbeit um Wahrheit, Gerechtigkeit und um die Wiedergutmachung der in den 70er- und 80er-Jahren von der letzten Militärregierung in Argentinien und von anderen Militärregimes in Ländern der Region (wie Chile, Uruguay, Paraguay und Bolivien) begangenen Verbrechen bemüht. In dieser Zeit hat Amnesty International Tausende von Fällen dokumentiert, in denen Menschen verschwunden und gefoltert, ohne Prozess hingerichtet und Kinder geraubt wurden, und sich im Rahmen einer Kampagne dafür eingesetzt, dass die Urheber dieser Taten vor Gericht gebracht werden.

Amnesty International nimmt weder zu der Person, die das Papstamt bekleidet, noch dazu, wie diese Wahl zustande gekommen ist, Stellung.

Im Hinblick auf mögliche neue Anschuldigungen bezüglich mutmaßlicher Verbindungen des ehemaligen Erzbischofs von Buenos Aires und bezüglich der Hypothese, er habe Menschenrechtsverletzungen begangen, erklärt die Organisation, dass dem – wie bei jeder anderen Person – im Rahmen einer vorbehaltlosen und unabhängigen Untersuchung nachgegangen werden muss.

Diese Erklärung darf auf keinen Fall dahingehend interpretiert werden, dass Amnesty International die Glaubwürdigkeit solcher Hypothesen bejaht oder verneint.

– Welche Rolle hat die katholische Kirche während der Militärherrschaft in Argentinien gespielt?

Amnesty International kennt die Vorwürfe, die die katholische Kirche mit den Autoritäten des Militärregimes in Verbindung bringen, und weiß um ihre mögliche Verstrickung oder Beteiligung an Menschenrechtsverletzungen.

Amnesty International glaubt jedoch nicht, dass die Rolle der katholischen Kirche in Argentinien oder in irgendeinem anderen Land der Region verallgemeinert werden kann.

Was die Rolle der katholischen Kirche während der Militärherrschaft betrifft, gab es verschiedene Arten von Vorhaltungen. Sie reichen von dem Vorwurf, sie habe sich nicht dazu durchringen können, etwas gegen die Menschenrechtsverletzungen zu unternehmen (sie habe es beispielsweise unterlassen, bei der Suche nach *Desaparecidos* zu helfen oder sich in bestimmten Fällen bei den Behörden für die Betreffenden zu verwenden), bis hin zu der Anschuldigung, sie habe Oppositionelle an das Regime ausgeliefert.

Einige Mitglieder der Kirche sind der Justiz überstellt worden. Dass gegen Christian von Wernich, den früheren Polizeikaplan von Buenos Aires, eine lebenslange Freiheitsstrafe verhängt wurde, ist allgemein bekannt. Von Wernich wurde im Oktober 2007 für seine Beteiligung an 42 Entführungen, sieben Morden und 31 Fällen von Folterung verurteilt
(news.bbc.co.uk/1/hi/world/americas/7035294.stm und www.amnesty.org/es/region/argentina/report-2008).

Wir dürfen nicht vergessen, dass sich viele Angehörige der Kirche in Argentinien und der umliegenden Region diesen Regimes widersetzt haben und verschwunden sind oder eingeschüchtert, gefoltert oder hingerichtet wurden. Die Arbeit vieler von ihnen diente und dient der Förderung und dem Schutz der Menschenrechte für alle – ohne Unterschied.

– Welche Rolle hat der neue Papst während der Diktatur gespielt? War er in Menschenrechtsverletzungen verstrickt?

Was Jorge Bergoglio angeht, ist Amnesty International ein Fall bekannt, der im Jahr 2005 eröffnet wurde und das Verschwinden zweier Jesuitenpriester betrifft, doch uns liegt keine Dokumentation vor, um die Beteiligung des neuen Papstes an diesen Ereignissen zu beweisen oder zu widerlegen. Gegen Jorge Bergoglio ist keine formelle Anklage erhoben worden, und unsere Archive enthalten keinen Hinweis auf irgendeine Verstrickung des ehemaligen Erzbischofs von Buenos Aires in diesen oder in andere Fälle.

Eventuell obliegt es der argentinischen Justiz, jede mögliche Verbindung des neuen Papstes mit den während der argentinischen Militärherrschaft verübten Menschenrechtsverletzungen von Fall zu Fall zu untersuchen. Wenn es sich um Menschenrechtsverletzungen handelt, steht niemand über dem Gesetz. Auch nicht der Papst.

– Hat die argentinische Justiz nichts gegen die während der Militärherrschaft begangenen Menschenrechtsverletzungen unternommen?

Die Organisation Amnesty International hat mehrfach ihre Genugtuung über die Fortschritte zum Ausdruck gebracht, die die argentinische Justiz bei der Verfolgung derer, die für die während der Militärherrschaft im Land und in der Region begangenen Menschenrechtsverletzungen verantwortlich waren, gemacht hat. In dieser Hinsicht ist Argentinien das fortschrittlichste südamerikanische Land.

In den letzten Jahren hat man einige Fälle, die in dieser Hinsicht symbolische Bedeutung haben, lösen können: Im Juli 2012 wurden die ehemaligen Präsidenten Jorge Rafael Videla und Reynaldo Bignone des systematischen Raubs von Kindern von Oppositionellen für schuldig befunden und zu 50 bzw. 15 Jahren Haft verurteilt. Im Oktober 2011 wurden der ehemalige Kapitänleutnant der Marine Alfredo Astiz und weitere 15 Männer zu Haftstrafen von 18 Jahren bis lebenslänglich verurteilt, weil sie an 86 Verbrechen gegen die Menschlichkeit beteiligt waren, die im geheimen Haftzentrum in der Technischen Hochschule der Marine (ESMA, so die spanische Abkürzung) in Buenos Aires begangen wurden.

Kürzlich wurde in Argentinien der Prozess gegen die südamerikanische Führungsriege eröffnet, die für die Operation Condor verantwortlich war, ein in den 70er- und 80er-Jahren geschmiedetes internationales Komplott über die Zusammenarbeit zwischen den Geheimdiensten von Argentinien, Bolivien, Brasilien, Chile, Paraguay, Peru und Uruguay zu dem Zweck, Regimegegner zu verhaften, auszutauschen und gegebenenfalls zu töten.

Amnesty International wird die Opfer von Menschenrechtsverletzungen und ihre Angehörigen weiterhin in ihrem Streben nach Wahrheit, Gerechtigkeit und Wiedergutmachung unterstützen. Die Organisation ist zuversichtlich, dass die argentinische Justiz ihre Vorbildfunktion auch in Zukunft wahrnehmen wird, damit die in der Vergangenheit verübten Verbrechen nicht ungestraft bleiben.

Schlussfolgerungen

Wenige Stunden, nachdem Jorge Mario Bergoglio an jenem regnerischen Abend des 13. März 2013 auf den Stuhl Petri gewählt worden war, brodelte es auf den Webseiten in aller Welt vor Anschuldigungen, Verdächtigungen und Mutmaßungen darüber, welche Rolle er während der argentinischen Militärdiktatur gespielt habe. Alte kompromittierende Fotos und verblichene Schriftstücke tauchten wieder auf, die darauf hindeuteten, dass der neue Papst in jener dramatischen Epoche der *Desaparecidos* Schwäche gezeigt habe. Symptomatisch war der Aufmacher in der Zeitung *Manifesto:* »Er ist nicht Franziskus«, so lautete am 14. März die Schlagzeile des Artikels über den neuen Bischof von Rom, der die gesamte Titelseite in Anspruch nahm. Und im Text hieß es: »In seiner Biografie mischt sich das Licht der frei gewählten Armut mit dem Schatten einer Vergangenheit im Dunstkreis der peronistischen Rechten.«

Noch am selben Abend, wenige Stunden, nachdem Papst Franziskus zum ersten Mal auf der Benediktionsloggia erschienen war, begann ich mit meinen Nachforschungen. Schon nach kurzer Zeit war klar, dass die Bilder im Netz, die ihn mit Diktator Videla zeigten, eine Fälschung waren. Und auch mit den Dokumenten, die ihn angeblich überführen sollten, war offensichtlich etwas faul.

Während ich in Bergoglios Vergangenheit stöberte, kamen nach und nach die Hinweise zum Vorschein, die mich schließlich zu Bergoglios »Liste« führten. Es war eine Recherche, bei der im positiven wie im negativen Sinn alles möglich war: von der restlosen Rehabilitation bis hin zur endgültigen Verurteilung des damaligen Oberen der argentinischen Jesuiten. Ich hatte kein Interesse daran, mich als Hagiograf zu betätigen. Und als Gerichtsreporter wusste ich, dass es eine Sensation wäre, wenn es mir gelänge, einen unwiderlegbaren Beweis dafür zu finden, dass Bergoglio mit den Barbaren, die Argentinien von 1976 bis 1983 regiert hatten, gemeinsame Sache gemacht hatte. Zugegeben, eine solche Entdeckung hätte mir keine Freude, sondern ein tiefes Unbehagen bereitet. Das hätte das Gefühl, mit einem solchen Knüller internationale Beachtung zu finden, nur zum Teil aufwiegen können. Doch wer die Fakten seriös rekonstruieren will, darf weder allzu rücksichtsvoll noch in irgendeiner Weise voreingenommen sein. Und so kam es, dass ich Dokumente und Zeugenaussagen zusammentragen konnte, die jegliche Kollaboration mit dem Regime ausschließen und sogar klar und deutlich beweisen, dass er den von der Junta Verfolgten geholfen hat. Das bestätigen Stimmen, die über jeden Verdacht erhaben sind: angefangen beim Nobelpreisträger Adolfo Pérez Esquivel über Germán Castelli, den Vorsitzenden des Gerichts, das die Verbrechen der Diktatur untersucht hat, bis hin zu so objektiven und keineswegs als »katholikenfreundlich« bekannten Organisationen wie Amnesty International. Hier und da förderten meine Recherchen Aussagen von Dissidenten zutage, denen der spätere Papst in jenen furchtbaren Jahren entscheidend geholfen, die er beschützt und gerettet hatte. Diese Stimmen waren wie ein unterschwelliges Murmeln, das nach und nach immer lauter wurde. Ich wollte ihnen einen Namen geben, ein Gesicht, eine Geschichte. Ich suchte Bestätigung für diese Geschichten und fand erst eine, dann zwei, dann zehn und viele mehr. Es sind die Stimmen von Menschen, die sich nach Jahrzehnten entschlossen hatten, ihren Peinigern von damals nicht noch einen postumen Sieg zu gönnen, dass nämlich Bergoglio verleumdet wird.

Es war nicht einfach, mit den Menschen zu sprechen, die auf dieser »Liste« stehen: Ich stieß, wie schon erwähnt, auf eine Zurückhaltung, die ich mir zunächst nicht erklären konnte. Warum meldeten sich all diese Menschen, mit denen ich zusammentraf und die Pater Jorge ihr Leben verdankten, nicht zu Wort? Warum schrien sie es nicht in alle vier Winde, dass der neue Bischof von Rom nicht etwa mit den Schlächtern in Graugrün gemeinsame Sache gemacht hatte, sondern ganz im Gegenteil auf eigenes Risiko und unter Gefährdung seines ganzen Ordens heimlich dafür gearbeitet hatte, zahllose Menschen, die aus unterschiedlichsten Gründen von diesem Regime verfolgt wurden, zu retten, zu verstecken, zu beschützen und außer Landes zu schaffen?

Das Schweigen hatte, wie ich eingangs schon erwähnt habe, seinen Grund nicht darin, dass es das Geschehene herunterspielen oder verheimlichen wollte. Es hat vielmehr mit dem Charakter von Papst Franziskus zu tun. Und hier sprechen die Fakten für ihn, denn, wie bereits gesagt: Ich bin kein Hagiograf. Er hat jenes Jesuswort offenbar voll und ganz verinnerlicht, das Matthäus im sechsten Kapitel seines Evangeliums überliefert, in dem von der Almosenpflicht die Rede ist: »Deine linke Hand soll nicht wissen, was deine rechte tut.«

Mehrfach haben mir meine Gesprächspartner sowohl hier in Argentinien als auch in Italien gesagt, dass es der spätere Papst selbst gewesen sei, der sie durch Anspielungen, Hinweise und Fingerzeige indirekt gebeten hat, über ihre Erfahrungen zu schweigen und sie nicht publik zu machen, weil ihm bewusst war, dass eine Offenlegung dessen, was er in den 70er-Jahren für so viele Menschen getan hat, als bloßes Marketing des Vatikans eingestuft werden würde und er sich so den Vorwurf der Propaganda würde gefallen lassen müssen. Also schwieg er lieber über die eigenen Verdienste, als sich dem Vorwurf auszusetzen, sich auf Kosten Dritter zu profilieren. Ich nehme mir die Freiheit, zu denken und zu schreiben, dass dies wohl der Grund ist, warum sich Pater Jorge Mario, heute Papst Franziskus, so verhalten hat.

Ich möchte auch hinzufügen – *pro domo mea,* aber es ist die Wahrheit –, dass ich bei meinen Recherchen keinerlei Unterstützung vonseiten des Vatikans erhalten habe. Kein Treffen, keine »Tipps«, gar nichts. Meine Arbeit wurde durch jene *curiositas* vorangetrieben, die jeder Journalist in sich trägt: dem Wunsch, zu verstehen, nachzuforschen, Neues zu entdecken. Und gleichzeitig durch die Überzeugung, die immer stärker wurde, je mehr sich die »Liste« mit Geschichten, Stimmen, Wörtern und Gesichtern füllte: dass das Gute am Ende siegen wird und siegen muss, und dass dies eine gute Sache ist, wenn es so weit kommt. In diesem Fall meint das die Wirklichkeit eines Handelns, das aufseiten Pater Jorges von echter Nächstenliebe und Klugheit geprägt war: Nächstenliebe zu den vielen Menschen, die ihn um seine alles entscheidende Hilfe gebeten haben, und Klugheit im Hinblick auf die Art und Weise, wie er sich (auch in seinem eigenen Haus, nämlich der Kirche) im argentinischen Morast dieser Jahre bewegt hat.

Ein kleines, kostbares Ergebnis hat dieses Buch, so hoffe ich, erzielt: Dank der Namen auf der »Liste« wissen wir heute mit Sicherheit, auf welcher Seite Bergoglio in jener verworrenen und dramatischen Leidenszeit seines Volkes gestanden hat. Die Arbeit an diesem Buch war noch nicht abgeschlossen, als sich weitere Zeugen zu Wort meldeten: ehemalige Studenten, Seminaristen, Katecheten, die der Unterdrückungsmaschinerie der Militärs entgangen waren. Sie alle sind einem Mann aus tiefstem Herzen dankbar, der sich Franziskus nennt und bei dem sie bis wenige Monate vor seiner Wahl zum römischen Pontifex Unterstützung gefunden haben. Mit anderen Worten: »Bergoglios Liste« ist noch nicht abgeschlossen.

Anhang

Befragung von Kardinal Bergoglio im Rahmen des »ESMA-Prozesses« 2010

Am 8. November 2010 trat das Gericht, das die in der ESMA begangenen Verbrechen untersuchen sollte, am Sitz des Erzbischofs von Buenos Aires neben der Kathedrale an der Plaza de Mayo zusammen.

Jorge Mario Bergoglio war für 11:30 Uhr vorgeladen. Die örtlichen Bestimmungen sahen vor, dass der Kardinal in seinem Amtssitz befragt werden konnte.

Nach drei Stunden und 50 Minuten drängender, sich teils wiederholender und streckenweise geradezu aufdringlicher Fragen war endlich eine der Zeugenaussagen beendet, die alle, die den Prozess gegen die Militärjunta verfolgten, mit größter Spannung erwartet hatten.

Kein Stück Papier liegt auf dem Tisch, nicht einmal ein Notizblock. Links von ihm sitzen die Richter Daniel Obligado, Germán Castelli und Ricardo Farias. Ihnen gegenüber, bestens vorbereitet, die Anwälte der Menschenrechtsverbände, der Angehörigen der Opfer und der Beschuldigten. Auch Bergoglios Rechtsanwälte sind bei der Befragung zugegen.

Im Folgenden wird die Mitschrift der Befragung veröffentlicht. Wir haben bewusst einige Antworten, die bereits Gesagtes wiederholen würden, sowie Verweise auf Ereignisse und Personen ausgelassen, die von aller Verantwortung freigesprochen wurden und es verdient haben, jetzt, 40 Jahre danach, nicht mehr im Zusammenhang mit Vorfällen genannt zu werden, mit denen sie nicht das Geringste zu tun hatten.

Luis Zamora, der Anwalt der Opfer, schoss seine Fragen, eine verfänglicher als die andere, auf den damaligen Erzbischof ab. Bergoglio wurde nicht geschont. Auch deshalb kamen die drei Richter zu dem Schluss, dass dem Kardinal Erzbischof keine Verantwortung zuzuschreiben ist.

Jeder Augenblick der Zeugenaussage ist mit Videokamera aufgezeichnet worden. Die Aufnahmen, die wir dank unserer Kontakte zur örtlichen Justiz haben einsehen dürfen, werden in den Gerichtsarchiven aufbewahrt. (Die Anmerkungen in den Fußnoten und in Klammern sind Ergänzungen der italienischen Übersetzerin.)

Buenos Aires, 8. November 2010

Bergoglio sagt vor dem TOF
[Tribunal oral federal] Nr. 5 aus.
Personalausweisnummer: 4.202.826
Eltern: Mario José Francisco und Regina Sívori

Zamora: Ihre Funktionen 1974/77?

Bergoglio: Provinzial der CJ [*Compañía de Jesús:* Gesellschaft Jesu] bis zum 8.12.1979.

Zamora: Hatten Sie Kenntnis von der Entführung von Gemeindemitgliedern und einer Ordensschwester in der Kirche Santa Cruz im Dezember 1977?

Bergoglio: Aus den Medien. Es war eine Gruppe von Personen, die sich trafen, um für die Menschenrechte zu arbeiten. Zwei französische Ordensschwestern und eine Bekannte von mir, Ester Balestrino de Careaga.[27]

Zamora: Wissen Sie, ob die Amtskirche in diesem Fall Anzeige erstattet hat?

Bergoglio: Ich kann es nicht genau sagen, aber ich möchte vermuten, dass ja, weil diese Vorgehensweise üblich geworden war, dass man solche Dinge anzeigte, zumal wenn es sich um eine katholische Kirche handelte.

Zamora: Wäre das denn in irgendeinem Zentralarchiv der katholischen Kirche dokumentiert?

---

27 Ester Balestrino de Careaga (1918–1977) war eine der Gründerinnen der *Madres de Plaza de Mayo.* Am 8. Dezember 1977 wurde sie gemeinsam mit zwei französischen Ordensschwestern, Alice Domon und Léonie Duquet, von einem Kommando der Diktatur verschleppt und in die ESMA gebracht. Dort wurde sie zehn Tage lang gefoltert und schließlich auf einem der zu trauriger Berühmtheit gelangten Todesflüge umgebracht. 1978 fand man ihre sterblichen Überreste an der Küste bei Buenos Aires und warf sie in ein Massengrab. Sie wurden erst 2005 identifiziert.

Bergoglio: Ich nehme es an, aber ich weiß es nicht.

Zamora: Untersteht Ihnen dieses Archiv?

Bergoglio: Das Zentralarchiv der CEA [*Conferencia Episcopal Argentina:* Argentinische Bischofskonferenz] untersteht der CEA.

Zamora: Und wer ist der Vorsitzende der CEA?

Bergoglio: Ich.

Zamora: Wäre es möglich, dass man ein solches Dokument findet?

Bergoglio: Ob man es finden würde, weiß ich nicht, aber suchen könnte man danach.

Zamora: Wie haben Sie E. B. de Careaga kennengelernt?

Bergoglio: Sie war meine Chefin im Chemielabor, wo ich 1953, 1954 gearbeitet habe, und wir haben uns sehr angefreundet. Sie war aus Paraguay.

Zamora: Haben Sie irgendetwas unternommen, als Sie von der Verschleppung erfuhren?

Bergoglio: Das hat mich sehr erschüttert, ich versuchte mich mit irgendeinem ihrer Verwandten in Verbindung zu setzen, aber ich konnte nicht. Sie waren etwas versteckt. Eine ihrer Töchter war vorher in Haft gewesen und dann freigekommen. Ich bemühte mich, mit Leuten zu sprechen, die etwas für sie tun konnten.

Zamora: Wen meinen Sie?

Bergoglio: Personen, mit Beziehungen, die etwas tun konnten, Menschenrechtler.

Zamora: Und die Behörden?

Bergoglio: Nein. Denn das fiel in die Zuständigkeit des Erzbistums Buenos Aires, und ich war Provinzial der Jesuiten.

Zamora: Hatten Sie damals oder vorher engen Kontakt zu Frau de Careaga?

Bergoglio: Schon. Ich habe getan, was in meiner Macht stand.

ZAMORA: Vielleicht könnten Sie sich die Mühe machen, uns das etwas genauer zu erklären.

BERGOGLIO: Ich klapperte Leute mit Beziehungen ab, damit sie etwas taten, um etwas über ihren Verbleib in Erfahrung zu bringen. Einige hatten Beziehungen zu ODHs [*Organizaciones de derechos humanos:* Menschenrechtsorganisationen], andere nicht, Leute, die von daher Zugang zu den damaligen Machthabern hatten. Ich sprach auch mit einem Mitarbeiter des Erzbistums. Mit Msgr. Olmedo von der Rechtsabteilung.

ZAMORA: Haben Sie sich später erkundigt, welche Schritte Msgr. Olmedo unternommen hatte?

BERGOGLIO: Ja, er sagte mir, er habe Kontakte geknüpft, und dass er keine genauen Informationen darüber hätte, wo sie festgehalten würde und diese Dinge.

ZAMORA: In welchem Jahr und unter welchen Umständen haben Sie Orlando Yorio und Francisco Jalics kennengelernt?

BERGOGLIO: Yorio werde ich wohl '61, '62 im *Colegio Máximo* kennengelernt haben, das ist das Studienhaus der Jesuiten, in dem die philosophische und die theologische Fakultät untergebracht sind. Später war er mein Theologieprofessor, [er las] über den Traktat *De Trinitate.* Jalics habe ich '61 kennengelernt, glaube ich, am selben Ort. Er war Professor für Fundamentaltheologie, für einen Teil davon, und in meinen ersten beiden Jahren war er mein Spiritual.

ZAMORA: Und Ricciardelli?[28]

---

[28] Bischof Rodolfo Ricciardelli war einer der Gründer der Bewegung »Priester für die Dritte Welt«, die innerhalb der argentinischen Kirche die Ideen des Zweiten Vatikanischen Konzils mit einem ausgeprägten sozialen Engagement verband. Er wirkte im Elendsviertel (*Villa miseria,* wie sie in Argentinien heißen) von Bajo Flores oder 1.11.14, wie es im Text oft genannt wird. Er starb 2008. Andere Persönlichkeiten der argentinischen

Bergoglio: Ja, den habe ich 1992 kennengelernt, als er Weihbischof von Flores war.

Zamora: Erinnern Sie sich daran, dass es 1975/76 ein Problem mit den Gelübden [gemeint sind die Ordensgelübde, *A. d. R.*] von Pater Yorio gab?

Bergoglio: Ich kann sagen, dass er den drei Gelübden zumindest öffentlich und nach meiner Kenntnis niemals untreu geworden ist.

Zamora: Gab es dahingehend, wie die Patres Yorio und Jalics ihren priesterlichen Dienst ausübten, innerhalb der Gesellschaft Jesu irgendwelche Vorwürfe?

Bergoglio: Nichts Bestimmtes. Damals war jeder Priester, der in den ärmeren Gegenden arbeitete, eine Zielscheibe für Verdächtigungen oder Anschuldigungen. Im Juni 1973 reiste ich mit dem früheren Provinzial [der Gesellschaft Jesu] nach La Rioja, um im Fall zweier Jesuiten zu intervenieren, die dort in den Missionen waren, die mit den Armen arbeiteten und über die es auch dieses Gerede gab. Das war weit verbreitet: Einer ging zu den Armen, um mit ihnen zu arbeiten, also war er ein Linker, und das war nicht nur damals so. Noch vor zwei Monaten musste ein Laie, der in einem der Elendsviertel von Buenos Aires arbeitet, sich anhören: »Du arbeitest also wieder mit diesem Linken.« Das reicht weit zurück. Von vernünftigen Leuten habe ich jedoch solche ideologischen Beschuldigungen – subversiven Organisationen anzugehören, wie man es damals nannte – nie gehört.

Zamora: Aus welchen Kreisen kamen die Anschuldigungen?

Kirche jener Zeit, die im Folgenden erwähnt werden, wie die Bischöfe Enrique Angelelli, Adolfo Tórtolo und Vicente Faustino Zazpe gehörten der Bewegung nicht an, hießen sie jedoch stillschweigend gut.

Bergoglio: Von Leuten, die mit dieser pastoralen Option nicht einverstanden waren.

Zamora: Haben sie keine Vor- und Nachnamen?

Bergoglio: Nein. Bestimmte Kreise, Leute. Als Pater Arrupe und ich im August 1974 – damals war ich schon Provinzial – La Rioja besuchten, haben tatsächlich viele aus der Gesellschaft in La Rioja öffentlich ihren Unmut über diesen Besuch bei den Jesuiten geäußert, die mit den Ärmsten arbeiteten.

Zamora: Es wäre wichtig, dass Sie sich Mühe geben und uns etwas genauer sagen, woher die Bedenken gegenüber Yorio und Jalics kamen, die Sie erwähnt haben.

Bergoglio: Aus denselben Kreisen, aus mehreren ideologischen Richtungen, das ist übergreifend. Einige Strömungen in der Gesellschaft oder im kulturellen Bereich, die mit dieser Option nicht einverstanden waren, einer Option, auf die sich die Kirche ganz klar festgelegt hat.

Zamora: Es ist sehr wichtig, dass Sie sich bemühen, uns Vor- oder Nachnamen von Mitgliedern der Gesellschaft Jesu, der katholischen Kirche, der Hierarchie zu nennen, die diese Anklagen erhoben oder diese Bedenken teilten.

Bergoglio: Es waren ganz allgemeine Bedenken gegenüber allen, die diese pastorale Option mittrugen.

Zamora: Aber woher kamen die?

Bergoglio: Aus verschiedenen Bereichen, übergreifend. Man redete, man sagte [dieses und jenes], man publizierte in den Tageszeitungen.

Zamora: Haben sie mit Ihnen geredet?

Bergoglio: Man redete in den Gemeinschaften, in einzelnen Bereichen, in einer Pfarrei. Vor allem in Bereichen der Kirche. Und auch außerhalb.

Zamora: Erinnern Sie sich nicht an einen konkreten Fall, irgendeinen Bischof, irgendeinen Kardinal?

Bergoglio: Nein, weil das sehr verbreitet [war]. Diese Bemerkungen, die man verharmlost in dem Sinne …, dass es keine Anschuldigung ist, sondern in dem Sinne, dass, aber gut, sie sagen es, es ist nicht wahr, aber es ist schon in den Köpfen drin, dass die Pfarrer, die mit den Armen arbeiten, Linke waren.

Zamora: Das war heikel, denn das war dieselbe Anschuldigung, die auch die Diktatur benutzte, um Menschen zu drangsalieren. Hilft Ihnen das nicht, konkreter zu verorten, woher diese Anschuldigungen kamen?

Bergoglio: Die Patres Jalics und Yorio haben die Gesellschaft Jesu vor dem Militärputsch verlassen, und als [zeitlichen] Bezugspunkt können wir den Tod von Pater Mugica[29] nehmen, das war vor dem Putsch.

Zamora: Sie haben mich missverstanden. Die Frage war, ob Sie genauere Angaben dazu machen können, wer diese Bedenken ausgestreut hat, die Sie verharmlost haben.

Bergoglio: Ich möchte das Wort »verharmlosen« genauer erklären. Das heißt nicht, dass mir nicht bewusst gewesen wäre, dass das schwerwiegend war, dass es eine Verleumdung war, jemanden zu verleumden ist eine schwere Sünde. Das verharmlose ich nicht. Aber man lebte nun einmal in diesem Umfeld, und man musste denen zur Seite stehen, die diese Option trafen. In dieser Hinsicht sage ich, dass man schon lange vor dem Militärputsch daran gewöhnt war, derartige Anschuldigungen zu hören.

[…]

---

[29] Pater Carlos Mugica (1930–1974) war ein argentinischer Priester und Mitglied der Bewegung »Priester für die Dritte Welt«. Er übte seinen Dienst größtenteils in Villa del Retiro aus und wurde 1974 mit Pistolenschüssen getötet (deshalb betont Bergoglio, dass er vor dem Militärputsch des Jahres 1976 ermordet worden sei).

ZAMORA: Wissen Sie, ob es vonseiten des Jesuitengenerals Anschuldigungen gab oder ob er der gleichen Ansicht war?

BERGOGLIO: Nein, er war ein Mann, der die Arbeit mit den Armen unterstützte.

ZAMORA: Das schloss Pater Yorio und Jalics mit ein.

BERGOGLIO: Ja.

ZAMORA: Wann hörte Pater Yorio auf, zu unterrichten?

BERGOGLIO: Das weiß ich nicht mehr.

ZAMORA: [Dann wissen Sie] also auch nicht mehr, warum.

BERGOGLIO: Man hörte auf und fing wieder an, weil die Veranstaltungen zyklisch stattfanden.

ZAMORA: Kannten Sie Pater Yorio gut?

BERGOGLIO: Wie man sich unter Jesuitenmitbrüdern kennt. Wir waren keine Freunde und auch keine Feinde. Aber wir hatten ein gutes Verhältnis.

ZAMORA: Er hat Ihnen nicht erzählt, warum er aufgehört hat zu unterrichten?

BERGOGLIO: Ich erinnere mich nicht, aber was ich im Moment dazu sagen kann, muss es wohl daran gelegen haben, dass die Veranstaltungen zyklisch stattfanden.

ZAMORA: Erinnern Sie sich, dass Sie als Provinzial mit Pater Jalics über die Anschuldigung gegen ihn und Pater Yorio gesprochen haben?

BERGOGLIO: Ja, und nicht nur mit ihnen, sondern mit allen Jesuiten, die in diesem Bereich der Option für die Armen arbeiteten. Es war üblich, dass wir über diese Dinge sprachen. Und über das weitere Vorgehen.

ZAMORA: Und im Fall Yorio und Jalics?

BERGOGLIO: Ja, wie [in] alle[n Fällen], es war üblich.

ZAMORA: Da hier untersucht wird, was mit ihnen geschehen ist, wäre es wichtig, wenn Sie uns genauer erläutern könnten, was Sie ihnen gesagt haben, welche Gespräche es gab, wie Sie als Provinzial reagiert haben, wie die Hierarchie reagiert hat …

BERGOGLIO: Das Verhältnis war gut.

ZAMORA: Nein. Die Reaktion.[30]

BERGOGLIO: Immer besonnene Maßnahmen zu treffen. Es muss hier klargestellt werden, dass das nicht die einzige Arbeit [war], die sie hatten. Außerdem lebten sie nicht in der *Villa.* Sie lebten im Viertel Rivadavia, ihre Arbeit waren Exerzitien, geistliche Leitung, Unterricht, und Pater Jalics war vor allem auch Schriftsteller. Und an den Wochenenden halfen sie in der *Villa* 1.11.14 [im Viertel von Bajo Flores].

ZAMORA: Vereinbarte irgendeine kirchliche Behörde mit der Militärjunta, dass vor der Verhaftung eines Priesters der zuständige Bischof informiert werden würde?

BERGOGLIO: Nein.

ZAMORA: Haben Sie nie davon gehört?

BERGOGLIO: Nein.

ZAMORA: Wissen Sie, was mit Jalics und Yorio und einer Gruppe von Katecheten aus dem Viertel Rivadavia geschah?

BERGOGLIO: An welchem Tag?

ZAMORA: Im Mai 1976.

BERGOGLIO: Sie meinen die Verschleppung?

ZAMORA: Ich darf Ihnen die Antwort nicht in den Mund legen.

BERGOGLIO: Um den 22. oder 23. Mai herum gab es eine Razzia, und sie wurden verhaftet. (Er trommelt mit dem Finger, *Vermerk des Gerichtsschreibers.*)

ZAMORA: Wissen Sie, wer verhaftet wurde, worin die Operation bestand?

---

[30] Zamora hatte nach der *reacción* (»Reaktion«) gefragt, doch Bergoglio hatte *relación* (»Verhältnis«) verstanden.

BERGOGLIO: Ich weiß, dass die Patres Jalics und Yorio verhaftet wurden und auch eine Gruppe Laien, und ich weiß auch, dass einige, das erzählten sie mir, in den ersten Tagen [wieder] freigelassen wurden.

ZAMORA: Wissen Sie, ob man sie suspendiert hatte?

BERGOGLIO: Davon habe ich reden hören, weiß es aber nicht sicher. Die Tatsache, dass sie im Viertel 1.11.14 pastoral tätig waren, weist womöglich darauf hin, dass sie dazu berechtigt waren. Der Pfarrer eines Ortes würde schwerlich jemanden als Mitarbeiter akzeptieren, der formell suspendiert worden ist.

ZAMORA: [Wenn] nicht formell, wie denn sonst?

EIN RICHTER: Von welcher Autorität hing die Suspension ab?

BERGOGLIO: Vom Ortsbischof.

RICHTER: Aber waren sie dem Ortsbischof oder dem Orden unterstellt?

BERGOGLIO: Sie waren dem Orden unterstellt, solange sie nicht austraten. Es gab eine Übergangsphase. Und danach, wenn sie sich inkardinieren, unterstehen sie dem Ortsbischof.

RICHTER: Und in der Übergangsphase?

BERGOGLIO: Ich habe ihnen gesagt, dass sie weiter die Messe feiern dürften, bis sie sich inkardiniert hätten.

RICHTER: Kann es sein, dass der Bischof ihnen die Erlaubnis verweigert hat?

BERGOGLIO: Theoretisch ja. Aber ich weiß nichts davon.

ZAMORA: Doch in diesem Fall hatten sie keinen wohlwollenden Bischof gefunden.

BERGOGLIO: Ich meine den Ortsbischof, den Bischof von Buenos Aires, Kardinal Aramburu.

ZAMORA: Wissen Sie, dass Aramburu im Hinblick auf sie eine Entscheidung getroffen hat?

BERGOGLIO: Darüber ist mir nichts bekannt.

[…]

ZAMORA: Während des Übergangs durften sie zelebrieren wie jeder andere Priester auch?

BERGOGLIO: Das habe ich ihrer Interpretation überlassen.

ZAMORA: Waren sie nicht in derselben Situation wie jeder andere Priester auch?

BERGOGLIO: Weil sie in der Übergangsphase waren.

ZAMORA: Welche Konsequenzen hat die Suspension?

BERGOGLIO: Dass sie den Dienst nicht ausüben können. Das ist eine rechtliche Angelegenheit.

ZAMORA: Waren sie Ihrer Meinung nach einem hohen Risiko ausgesetzt angesichts der politischen und sozialen Rahmenbedingungen damals und der Tatsache, dass sie in der Übergangsphase niemandem unterstanden und Schwierigkeiten hatten, die Messe zu feiern?

BERGOGLIO: Schwierigkeiten, die Messe zu feiern, hatten sie nicht, weil ich ihnen gesagt habe, dass sie die Messe feiern sollten. Dass sie einem hohen Risiko ausgesetzt waren …

VORSITZENDER RICHTER: Glauben Sie, dass sie in dieser Übergangsphase gefährdeter [als sonst] oder genauso gefährdet waren?

BERGOGLIO: Ja, ich glaube, es bestand eine größere Gefahr, aber nur relativ gesehen, weil sie wussten, dass ihnen das Provinzialat der Jesuiten offenstand, dass sie dorthin kommen und auch dort leben konnten, und weil sie im Dialog mit der Kirche, mit dem Provinzial standen, um sich mit einem Bischof zu treffen. Das ist etwas anderes, als wenn jemand einen Orden verlässt und sich nicht um ein Treffen mit einem Bischof bemüht. Deshalb spreche ich ja von einer Übergangsphase bis zur Inkardination.

VORSITZENDER RICHTER: Gab es eine Begleitung, wurde der Kontakt zu den Patres J. und Yorio aufrechterhalten?

Bergoglio: Ja, ich bot ihnen sogar an, bei mir im Provinzialat zu wohnen, ihnen und auch Dourron, man sprach bereits von einem möglichen Putsch, bis sie einen wohlwollenden Bischof fänden. Sie haben sich bei mir bedankt.

[...]

Zamora: Wie haben Sie davon erfahren?

Bergoglio: Telefonisch, am Mittag, jemand aus dem Viertel, den ich nicht kannte, rief mich an. Es habe eine Razzia gegeben, die beiden Priester und viele Laien seien festgenommen worden. Pater Dourron sei mit dem Fahrrad in der Gegend gewesen, und als er sah, was passierte, sei er durch die Calle Varela entkommen.

Zamora: Haben Sie die Person nicht nach ihrem Namen gefragt?

Bergoglio: Nein. Bei einem solchen Schock ist das das Letzte, was einem einfällt, dass man fragt: »Wer sind Sie?«.

Vorsitzender Richter: Wissen Sie noch, was Sie auf diese Nachricht hin getan haben?

Bergoglio: Ja, ich wurde aktiv, begann, mit Priestern zu sprechen, von denen ich annahm, dass sie Zugang zur Polizei, zu den Streitkräften hätten, wir haben sofort reagiert.

Vorsitzender Richter: Erhielten Sie außer dem, was der Nachbar Ihnen mitgeteilt hatte, noch irgendeine andere Information?

Bergoglio: Sie bestätigten mir, was passiert war, und dass man nicht wusste, wo sie waren. Danach kamen Gerüchte auf, dass es Leute von der Marine gewesen seien, innerhalb von zwei oder drei Tagen, zumindest nach dem, was mir gesagt wurde.

Vorsitzender Richter: Haben Sie diese Information an andere Mitglieder der kirchlichen Hierarchie weitergegeben?

Bergoglio: An alle Mitglieder der Gesellschaft Jesu, und ich habe mich an das Erzbistum gewandt. Es war ein Sonntag, am Montag oder Dienstag habe ich es Kardinal Aramburu mitgeteilt und auch der Nuntiatur, Msgr. Laghi.

Zamora: Woher wussten Sie, dass es die Marine gewesen war?

Bergoglio: Man redete darüber, *Vox Populi,* die, die Nachforschungen anstellten, haben das angedeutet.

Vorsitzender Richter: Hat das Ihr Vorgehen beeinflusst?

Bergoglio: Ja, in der Tat, ich habe mich zweimal mit dem Befehlshaber der Marine, Massera, getroffen. Beim ersten Mal hörte er mich an und sagte mir, dass er der Angelegenheit nachgehen würde. Ich sagte ihm, dass diese Patres in keine krummen Sachen verwickelt seien. Und er willigte ein, sich bei mir zu melden. Als er sich nicht meldete, bat ich nach einigen Monaten um eine zweite Unterredung, abgesehen von anderen Schritten, die ich in dieser Angelegenheit unternommen hatte. Es war so gut wie sicher, dass sie sie gefangen hielten. Die zweite Unterredung war sehr unangenehm, sie dauerte keine zehn Minuten. Er sagte zu mir: »Schauen Sie, die Sache ist die, ich habe es Tórtolo schon erklärt.« Ich antwortete ihm: »Bischof Tórtolo meinen Sie wohl, oder nicht?« »Also gut.« Ich sagte zu ihm: »Schauen Sie, Massera, ich möchte, dass sie lebend wieder auftauchen.« Dann bin ich aufgestanden und gegangen.

Zamora: Woher kamen die Versionen, es sei die Marine gewesen?

Bergoglio: Ich weiß es nicht, aber es sprach sich herum, als *Vox Populi.* Die Leute, mit denen man redete, sagten, es seien Marineinfanteristen gewesen.

Zamora: Was für Leute?

Bergoglio: Leute, die Einfluss nehmen konnten, die Leute, die ich um Rat fragte, die Verbindungen zu Richtern, zur

Polizei, zu einem der Militärs, zum Innenministerium, zur Regierung hatten. Und alle wiesen auf die Marine.

ZAMORA: Erinnern Sie sich an die Namen einiger dieser Personen, die Zugang zu den Mächtigen hatten?

BERGOGLIO: Nein.

ZAMORA: Waren es Kirchenobere, der Kardinal?

BERGOGLIO: Es waren alle, an die man sich wandte, wenn man in Not war, Freunde, Bekannte.

ZAMORA: Dass Sie erfahren hatten, dass sie von der Marine verschleppt worden waren, ist ein äußerst wichtiges Detail. Könnten Sie versuchen sich zu erinnern, wer Ihnen diesen Hinweis gegeben hat? Wenn Sie ihn für so plausibel hielten, dass Sie ihn Massera gegenüber wiederholt haben, wird es wohl ein seriöser Informant gewesen sein.

BERGOGLIO: *Vox Populi, Vox Dei,* wie man so schön sagt. Es war keine [einzelne] Person, es herrschte Übereinstimmung. Ich weiß nicht mehr, ob sie nicht sogar die Agenten erkannt haben, die als eine Einsatztruppe der Marine identifiziert wurden.

ZAMORA: Sie erinnern sich nicht, wer Sie angerufen hat, Sie erinnern sich nicht, wer Ihnen gesagt hat, dass es die Marine war …

VORSITZENDER RICHTER: Es waren mehrere.

ZAMORA: Deshalb bitte ich ihn ja, dass er wenigstens einen identifiziert.

VORSITZENDER RICHTER: Erinnern Sie sich, welcher Umstand Sie dazu veranlasst hat, sich mit Massera zu treffen?

BERGOGLIO: Weil ich sicher … Verzeihung, weil ich so gut wie überzeugt davon war, dass er es war, weil man es eben von allen hörte. Ich erinnere mich an einen Jesuitenpriester, der sehr gute Arbeit geleistet hat, um diese Hypothese zu untermauern, das war Pater Fernando Storni.

ZAMORA: Lebt er noch?

Bergoglio: Nein. Er ist verstorben.

Zamora: Was für ein Zufall.

Bergoglio: Mit Videla zweimal, wegen derselben Sache. [Er erinnert sich nicht an das genaue Datum, aber er schätzt, dass das erste Treffen in den ersten zwei Monaten nach der Entführung stattgefunden hat.] Er war sehr förmlich, machte sich eine Notiz und sagte, er werde der Sache nachgehen. Ich sagte ihm, dass man sich erzähle, sie seien bei der Marine. Beim zweiten Mal erkundigte ich mich, welcher Militärkaplan bei ihm zu Hause, am Sitz des Oberbefehlshabers, die Messe lesen sollte. Ich bat diesen, sich krank zu melden, und sprang für ihn ein. An diesem Samstag bat ich ihn [Videla] nach der Messe um eine Unterredung. Diesmal hatte ich den Eindruck, dass er sich nun intensiver darum kümmern und die Dinge ernster nehmen würde. Es war nicht so heftig wie das [Gespräch] mit Massera.

[…]

Zamora: Haben Sie diese Unterredungen schriftlich dokumentiert?

Bergoglio: Ich habe dem Ordensgeneral regelmäßig Bericht erstattet.

Zamora: Schriftlich?

Bergoglio: Nein. Damals gab es weder Mail noch Fax, es gab nur Telex, deshalb habe ich es telefonisch gemacht, weil es schneller ging. Dazu bin ich in eine Telefonzelle in der Calle Corrientes gegangen, damit ich nicht das Telefon im Provinzialat benutzen musste.

Zamora: Haben Sie etwas schriftlich hinterlegt, nachdem Sie telefonisch Bericht erstattet hatten?

Bergoglio: Nein. Ich habe Bericht erstattet, und das war's.

Zamora: Ist das üblich, dass Dinge von solcher Wichtigkeit nur mündlich besprochen werden?

Bergoglio: Ja und nein. Es gibt wichtige Fragen, die einen langsamen, ruhigen Rhythmus haben, da kann man die betreffenden Berichte schreiben. Andere, wie diese hier, die dringend war, bei der Lebensgefahr bestand, weil irgendetwas geredet wurde, mussten schnell erledigt werden, da musste man beweglich sein.

[…]

Zamora: Standen Sie in Kontakt mit den Familien der Patres Yorio und Jalics?

Bergoglio: Ja, in Pater Jalics' Fall schrieb ich zwei Briefe. Einen an seine Mutter, die in den Vereinigten Staaten war, um sie zu trösten und ihr zu sagen, was wir unternahmen, und einen zweiten an seinen Bruder, der in München lebte. Ich erinnere mich genau an ein Gespräch, das ich mit einem Bruder oder Schwager von Yorio hatte. Und ich glaube, es gab ein zweites Treffen, aber das kann ich nicht sicher sagen.

Zamora: Haben Sie sie über die Schritte informiert, die Sie unternahmen?

Bergoglio: Ja.

Zamora: Waren Sie bei den Familien der Katecheten, die dieser Operation zum Opfer gefallen sind?

Bergoglio: Ich hatte eine Unterredung mit Dr. Mignone, ob es ein zweites Mal gegeben hat, weiß ich nicht mehr.

Vorsitzender: Welche Rolle spielte er, warum erinnern Sie sich an ihn?

Bergoglio: Erstens, weil eine Tochter [von ihm] verschwunden war, und zweitens, weil wir uns in dem Haus, in dem er wohnte, begegnet sind, an der Avenida Santa Fe, eine meiner Cousinen wohnte auch dort. Und ein andermal an einem Gründonnerstag in der Sakristei der Kathedrale, aber da haben wir nicht miteinander geredet. Er war gekommen, um Bischof Tórtolo zu sehen, der an diesem Tag zelebrierte. Wir sind uns nur [zufällig] begegnet.

ZAMORA: Erinnern Sie sich an den Inhalt dieser Unterredung?

BERGOGLIO: Dass alle sich Sorgen machten, er wegen seiner Nichte, wir wegen der Priester, und wie man weiter vorgehen sollte.

ZAMORA: Wann haben Sie erfahren, welche der bei der besagten Operation verschleppten Katecheten freigekommen waren?

BERGOGLIO: Aus dem, was in diesen Tagen geredet wurde.

ZAMORA: Haben Sie nicht die Familien oder die Freigekommenen kontaktiert, um zu erfahren, was geschehen war, da Yorio und Jalics weiter verschwunden blieben?

BERGOGLIO: Nein. Ich weiß, dass andere Jesuiten [Kontakt] hatten und mich informierten. Sie versicherten, dass sie in einer Abteilung der Marine gewesen waren.

ZAMORA: Warum haben Sie keinen direkten Kontakt gesucht?

BERGOGLIO: […] Da ich mit Leuten zu tun hatte, die aktiv wurden und den Kontakt suchten, war ich der Ansicht, so, wie sie es machten, wäre es die beste Vorgehensweise. Es war keine Missachtung.

ZAMORA: Damit ich Sie nicht falsch verstehe: Sie wussten, dass es sich um Personen handelte, die bei derselben Operation verschleppt worden waren wie zwei Priester, mit denen Sie in enger Beziehung standen und deren Vorgesetzter Sie noch bis vor Kurzem gewesen waren?

DER VORSITZENDE RICHTER erhebt Einspruch.

ZAMORA: Da der Zeuge eingeräumt hat, eine Fahrlässigkeit begangen zu haben …

VORSITZENDER RICHTER: So oder so müssen Sie eine Frage stellen. Herr Bergoglio, erinnern Sie sich daran, wie Sie erfahren haben, dass die Patres Jalics und Yorio wieder frei waren? Haben Sie sich mit ihnen getroffen? Wann?

Bergoglio: Pater Yorio rief mich an, um es mir mitzuteilen. Ich sagte zu ihm: Sag mir nicht, wo du bist und rühr dich nicht vom Fleck. Schick jemanden zu mir, mit dem ich reden [und dem ich sagen] kann, wo wir uns treffen können. Wir mussten in dieser Phase alle Vorsichtsmaßnahmen ergreifen. Wir trafen uns, sprachen miteinander. Das Problem war, einen Pass zu bekommen, weil wir ihn aus dem Land bringen mussten. Der Nuntius [Pio Laghi] hat sich sehr anständig verhalten, er nahm meinen Vorschlag an, sie zur Polizeidienststelle zu begleiten. Der Sekretär der Nuntiatur ging [mit ihnen], mit diplomatischem Schutz, damit dort drinnen nichts passierte. In Yorios Fall habe ich mich mehrmals mit ihm getroffen, um über seine Zukunft zu diskutieren. […] Wir entschieden, dass es das Beste war, wenn er nach Rom ginge, um Kirchenrecht zu studieren. In Rom habe ich ihn mehrmals gesehen, auf meinen Reisen. Danach habe ich ihn nicht mehr getroffen. Mit Jalics ging es schneller, er ist dann in die Vereinigten Staaten gegangen, wo seine Mutter lebte.

Vorsitzender Richter: Was haben sie Ihnen erzählt?

Bergoglio: Sie haben mir alles erzählt. Dass man ihnen die Kapuze aufgesetzt und sie gefesselt hat, dass sie sie nach einer gewissen Zeit in eine andere Niederlassung gebracht haben, anscheinend ein Haus in derselben Gegend oder in der Nähe der ESMA, in der sie ihrer Überzeugung nach vorher gewesen waren. Sie waren sicher, dass es dieselbe Gegend war, weil sie Flugzeuge starten und landen hörten. Und dass sie sie betäubt auf einem Feld in Cañuelas ausgesetzt haben.

Vorsitzender Richter: Haben sie Ihnen gesagt, wie die Haftbedingungen waren?

Bergoglio: Ja, ziemlich heikel, schmerzlich und demütigend.

Vorsitzender Richter: An welche Einzelheiten erinnern Sie sich?

Bergoglio: Dass sie sie nur ganz selten das Bad benutzen ließen. Ich erinnere mich nicht, dass sie mir etwas über die Verpflegung gesagt hätten.

Vorsitzender Richter: Direkte körperliche Züchtigungen?

Bergoglio: Sie haben mir [davon] nichts gesagt. Was sie erzählt haben, machte auf mich den Eindruck, als sei die ganze Haft eine große Folter gewesen, aber an bestimmte Foltermaßnahmen erinnere ich mich nicht.

Vorsitzender Richter: Schläge, Stromstöße?

Bergoglio: Sie haben mir gegenüber nichts [dergleichen] erwähnt, ich sage nicht, dass es das nicht gegeben hat, [aber] sie haben es mir gegenüber nicht erwähnt.

Vorsitzender Richter: Sonst noch irgendetwas?

Bergoglio: Beschimpfungen. Mehr als Beschimpfungen, sie sagten zu ihnen: »Das habt ihr jetzt davon, Jesus Christus sagt, selig sind die Armen, aber die Armen im Geiste, nicht die, mit denen ihr arbeitet.«

Zamora: Was haben Sie unternommen, als Sie davon erfahren hatten?

Bergoglio: In welcher Hinsicht?

Zamora: Rechtlich, öffentlich, kirchenintern, um die Hierarchien zu informieren.

Bergoglio: Der erste Schritt war, ihre körperliche Unversehrtheit zu gewährleisten. Deshalb riet ich ihnen, nicht zu sagen, wo sie waren. Der zweite Schritt meines Anliegens war, sie aus dem Land zu bringen. Natürlich wurde der Ortsbischof informiert und Rom telefonisch. Und für ihre Zukunft zu sorgen, in Pater Yorios Fall in Rom und für die Inkardination in der Diözese Quilmes.

Vorsitzender Richter: Erinnern Sie sich, ob bei den Justizbehörden Anzeige erstattet wurde?

Bergoglio: Ich erinnere mich nicht, und ich glaube, dass man sich dafür entschieden hatte, dies auf kirchlichem Weg zu tun, im Erzbistum oder in der CEA, ich erinnere mich nicht. Damit sie zu den anderen Anzeigen dazukamen und zusammengefasst wurden.

Vorsitzender Richter: Gäbe es die Möglichkeit, Zugang zu schriftlichen Archiven zu erhalten?

Bergoglio: Ja. Ich lasse danach suchen.

Zamora: Haben die Patres Yorio und Jalics Ihnen gesagt, dass sie allein oder an einem Ort mit anderen zusammen waren?

Bergoglio: Da waren noch andere, aber ich habe den Eindruck, dass sie in einem abgetrennten Bereich für sich allein waren, nach dem, was sie mir gesagt haben. Sie hörten Stimmen, aber nach allem, was sie mir gesagt haben, waren sie allein in einem Raum.

Zamora: Heißt dass, dass sie, als sie herauskamen, die Gewissheit hatten, dass sich an diesem Ort weitere Verschleppte befanden?

Bergoglio: Ja, ja.

Zamora: Und Sie haben nicht daran gedacht, unverzüglich Anzeige zu erstatten, um das Leben dieser Menschen zu retten?

Bergoglio: Die [Anzeigen] haben wir alle auf dem amtskirchlichen Weg erstattet.

Zamora: Und warum nicht auf rechtlichem Weg, wenn es doch eine Straftat war?

Bergoglio: Der Ordnung halber zogen wir es vor, alle [Anzeigen] zusammen auf dem amtskirchlichen Weg zu erstatten.

Vorsitzender Richter: Wer war dafür verantwortlich zu entscheiden, ob man bei Gericht Anzeige erstattete? Haben Sie den Ordensoberen informiert?

Bergoglio: Ja.

Vorsitzender Richter: Entschied der Ordensobere darüber, ob etwas an die Justiz weitergegeben wurde?

Bergoglio: Ja.

[...]

Zamora: Wie haben die Patres Yorio und Jalics auf diese Entscheidung reagiert, die Gemeinschaft des Viertels Rivadavia aufzulösen? Welche Meinung hatten sie dazu, wie verhielten sie sich?

Bergoglio: Ihre Reaktion war die, die das Gehorsamsgelübde zulässt, nämlich der Vortrag. Sie tragen dem Oberen die Gründe dafür vor, die Gemeinschaft nicht aufzulösen. Das wurde untersucht, und es wurde entschieden, dass sie trotz des Vortrags aufgelöst wurde. Der Ordensgeneral musste intervenieren. Der Prozess dauerte gut ein Jahr, fast eineinhalb Jahre. Der Ordensgeneral sagte, sie wird aufgelöst oder sie sollen einen anderen Weg suchen. Sie haben vorgetragen, wie es die Satzungen der Gesellschaft vorsehen, ganz korrekt.

Der Vorsitzende Richter bittet ihn, in allgemeinverständlicher Sprache zu erklären, was »vortragen« bedeutet.

Bergoglio: Wenn man einen Befehl erhält und nicht damit einverstanden ist, hat man gemäß dem Gehorsamsgelübde das Recht, ja geradezu die Pflicht, wenn man diesen Befehl nicht einsieht, die Gründe vorzutragen, weshalb man ihn nicht für angemessen hält, mit Begründungen und in einem guten Gespräch.

Zamora: Sie haben gesagt, es habe die Möglichkeit gegeben, alternative Wege zu suchen. Welche waren das?

Bergoglio: Aus der Gesellschaft [Jesu] auszutreten und den

Dienst außerhalb der Gesellschaft [Jesu] in Abhängigkeit von einem Bischof auszuüben.

ZAMORA: Geht es auch, ohne dass man von einem Bischof oder einer anderen Ordensgemeinschaft abhängt?

BERGOGLIO: Sie mussten sich einen Bischof suchen oder in einen anderen Orden eintreten.

ZAMORA: Was geschah, nachdem ihr Vortrag abgelehnt worden war?

BERGOGLIO: Daraufhin baten sie darum, die Gesellschaft [Jesu] verlassen zu dürfen.

ZAMORA: Welchen Verlauf und welches Ende nahm das Entlassungsverfahren von Yorio und Dourron?

BERGOGLIO: Man sprach miteinander, man schickte eine Nachricht nach Rom, und es kam die Antwort, dass man ihre Entlassung annehme. Pater Jalics erhielt die Erlaubnis, die nötigen Schritte im Hinblick auf das Säkularisationsindult einzuleiten, das heißt, Weltpriester zu werden.

ZAMORA: Wann war das jeweils?

BERGOGLIO: Ich erinnere mich, dass man den Patres Dourron und Yorio ihre Entlassung am 19. März 1976 mitgeteilt hat.

ZAMORA: Und von da an mussten sie sich …

BERGOGLIO: … einen Bischof suchen. Ja.

[…]

ZAMORA: Erinnern Sie sich, den beiden Priestern vorgeschlagen zu haben, sie sollten mit dem Bischof von Morón, Miguel Raspanti, oder mit anderen sprechen?

BERGOGLIO: Ich habe ihnen mehrere Bischöfe vorgeschlagen, auch einige, zu denen sie schon Kontakt hatten, Novak, Zazpe, Raspanti.

ZAMORA: Sie haben gesagt, dass es nicht obligatorisch, aber üblich war, Auskunft zu erteilen. Haben Sie Raspanti Auskunft gegeben?

Bergoglio: Er hat mich angerufen, und wir haben über das Thema gesprochen in einem langen Gespräch, in dem er sich nach jedem Einzelnen erkundigte.

Zamora: Ich verstehe, dass die Versetzung der beiden Priester wichtig war, zumal es eine Meinungsverschiedenheit mit den beiden gab und sie zum Mittel des Vortrags gegriffen hatten. Ist es in einem solchen Fall üblich, schriftlich Auskunft zu erteilen, oder nicht?

Bergoglio: Es ist nicht notwendig, das Wort »üblich« trifft es nicht ganz. Man muss, wenn man darum gebeten wird, auf die eine oder andere Weise. In diesem Fall war es mündlich, und ich erinnere mich nicht, ob ich etwas aufgeschrieben habe.

Zamora: Falls die Auskunft schriftlich erteilt worden ist, haben Sie dann die Möglichkeit, nachzusehen, ob es eine Kopie davon gibt?

Bergoglio: Ja, suchen kann man immer. Die Möglichkeit besteht.

Zamora: Wissen Sie, was bei den Bemühungen von Yorio und Jalics herauskam, bei wem [sie vorsprachen] und mit welchem Ergebnis?

Bergoglio: Ich weiß, dass Bischof Raspanti einen der drei aufgenommen hat, ich glaube, dass er, ganz egal, was man über den einen oder den anderen sagte, keine Gruppe nehmen wollte, sondern nur einen. Das ist meine Interpretation, die ich aus den Telefonaten ableite, die ich mit ihm geführt habe.

Zamora: Erinnern Sie sich, dass Bischof Raspanti Sie im Rahmen dieses Austauschs im *Colegio Máximo* aufgesucht hat?

Bergoglio: Als die Patres Jalics und Yorio die Gesellschaft [Jesu] verließen, befand sich das Provinzialat in Buenos Aires, nicht im *Colegio Máximo*.

Zamora: Fand das Telefongespräch mit Bischof Raspanti statt, nachdem sie die Gesellschaft [Jesu] verlassen hatten?

Bergoglio: Als sie sich ihm vorstellten, rief er mich an, um mich nach meiner Meinung zu fragen.

[…]

Zamora: Kennen Sie die Theologin Marina Rubino [eine von Bergoglios Anklägerinnen]?

Bergoglio: Sie war Studentin an der Theologischen Fakultät, für Moraltheologie, glaube ich, oder sie hat nachher an der Theologischen Fakultät ihren Abschluss in Moraltheologie gemacht. Das wird in den 80er-Jahren gewesen sein.

Zamora: Um Ihrem Gedächtnis ein bisschen auf die Sprünge zu helfen: Wissen Sie oder erinnern Sie sich, dass Marina Rubino sich im *Colegio Máximo* mit Bischof Raspanti getroffen und dass sie auf Sie gewartet hat, um über Jalics und Yorio zu sprechen?

Bergoglio: Davon habe ich nichts gewusst.

Zamora: Herr Bergoglio, auf welchen internen Wegen haben Sie das, was Sie aus dem Mund von Yorio und Jalics erfahren hatten, weitergegeben?

Bergoglio: Mündlich an den Erzbischof. Da ich nach Rom reisen musste, habe ich den Ordensgeneral detailliert informiert, und die argentinische Provinz der Gesellschaft Jesu auf den verschiedenen Versammlungen, die wir abhielten.

Zamora: Wissen Sie, ob es einen Beschluss gab, das, was sie wussten oder sogar erlitten hatten, nicht publik zu machen?

Bergoglio: Das weiß ich nicht.

Zamora: Wissen Sie, was die kirchlichen Amtsträger taten, die Sie informiert hatten?

Bergoglio: Nein.

Zamora: Erwähnten Sie auch die Existenz eines geheimen Konzentrationslagers in der ESMA und wie man sie behandelt hat?

Bergoglio: Ja.

Zamora: Haben Sie später nach einer Antwort gesucht?

Die Anwälte erheben Einspruch: Es werde weder gegen Bergoglio noch gegen die katholische Kirche ermittelt.

Der vorsitzende Richter lässt die Frage zu, fordert Zamora jedoch auf, nichts zu behaupten, sondern Fragen zu stellen.

Zamora: War es üblich, da Sie ja [die Hierarchie] in Kenntnis gesetzt hatten, dass man Sie darüber informierte, was man unternommen hatte, oder haben Sie sich danach erkundigt?

Bergoglio: Man hat mich nicht informiert.

Vorsitzender Richter: Man hat Sie nicht informiert. Und Sie, haben Sie sich erkundigt, ob es irgendeine Reaktion gab?

Bergoglio: Ja, ein bisschen, eher allgemein. Ich suchte nach Antworten, aber sehr vage. Ich erinnere mich nicht an die Details.

Vorsitzender Richter: Diese Anzeige bei der Justiz, von der wir schon gesprochen haben, hat man sie erstattet oder nicht?

Bergoglio: Ich weiß es nicht sicher, aber ich nehme an.

Vorsitzender Richter: Dass Anzeige erstattet wurde?

Bergoglio: Ich nehme an, dass ja. Aber ich bin nicht sicher.

Vorsitzender Richter: Und das hing vom Ordensoberen ab?

Bergoglio: Vom Ordensoberen und von seiner Zustimmung […]

Vorsitzender Richter: Und um etwas zu erfahren, müsste man den damaligen Ordensoberen fragen, um zu sehen, ob es irgendeine Aufzeichnung gibt?

Bergoglio: Oder die hiesige Bischofskonferenz oder den Erzbischof, das sind diejenigen, die die Entscheidungen treffen mussten.

Zamora: Der Ordensobere wohnte nicht in Argentinien?

Bergoglio: Nein.

Zamora: Und er war ermächtigt, solche Entscheidungen oder Anzeigen vorzunehmen, obwohl er nicht in Argentinien lebte, oder gab es außer Ihnen [Bergoglio] noch jemanden?

Bergoglio: Er gab üblicherweise seine Zustimmung zu solchen Maßnahmen und dazu, wie sie umgesetzt werden sollten.

Zamora: Dass Yorio und Jalics Ihnen erzählt haben, was sie erlitten hatten, und dass Sie der Meinung waren, hinter der Sache mit Yorio und Jalics stünden Bedenken gegenüber allen Priestern, die ähnliche Aufgaben verrichteten – hat Sie das veranlasst, irgendeine Entscheidung zu treffen, um die Übrigen zu schützen?

Bergoglio: Ja, [ihnen] bestimmte Vorsichtsmaßnahmen zu empfehlen. Bis hin zu Kleinigkeiten, manchmal. Bestimmte Vorsichtsmaßnahmen.

Zamora: Wissen Sie, ob Yorio oder Jalics irgendjemandem gesagt haben, oder haben Sie es auf andere Weise erfahren, dass ein Priester in die ESMA gegangen sei, um Jalics und Yorio die Kommunion zu bringen?

Bergoglio: Ich habe davon gehört. Aber ich weiß nicht sicher, ob es wahr ist. Aber ich habe davon gehört.

Zamora: Erinnern Sie sich, von wem Sie das gehört haben?

Bergoglio: Wahrscheinlich von Jesuiten, die Nachforschungen anstellten. Ich weiß nicht, ob von Pater Storni oder einigen von ihnen.

Zamora: Die Leute, die die Nachforschungen anstellten, auf die Sie anspielen – und das ist jetzt sehr wichtig, weil sie, wie im Fall von Storni zum Beispiel, wussten oder eine Vermutung hatten, wohin sie verschleppt worden waren –, standen Ihnen diese Leute nahe?

BERGOGLIO: Einige waren Jesuiten, andere waren Laien, Freunde von Jesuiten, die [ihre Hilfe] anboten. Das Wichtige hierbei war, dass man verhindern musste, dass sie endgültig verschwanden.

ZAMORA: Ich meine, wenn es doch Leute waren, die Ihnen nahestanden, können Sie – um uns zu helfen, damit wir mit unserer Untersuchung vorankommen –, können Sie außer Storni niemanden zuordnen?

VORSITZENDER RICHTER: Das hat er schon beantwortet, das hat er bereits gesagt.

ZAMORA: Nein, nein. Es geht jetzt um eine andere Situation.

VORSITZENDER RICHTER: Um welche? Danach, meinen Sie?

ZAMORA: Natürlich. Die Frage bezog sich auf einen Priester, der [den Verschleppten] die Kommunion gebracht hatte.

BERGOGLIO: Ja, man sagte, alle sagten, dass Storni einer von ihnen sei, aber es hieß, dass sie ihnen die Kommunion gebracht hätten. Das erzählte man sich unter den Jesuiten.

ZAMORA: Sie waren nicht irgendein Jesuit, Sie waren der Provinzial. Konnten Sie als Provinzial, als Sie das hörten, dafür sorgen, dass jemand ihnen die Kommunion in die ESMA brachte? Ein Priester natürlich. Hat Sie das dazu bewegt, mehr zu tun, als sie taten, oder nicht?

BERGOGLIO: Ich verstehe [die Frage] nicht.

ZAMORA: Sie haben von verschiedenen Personen in Ihrem Umfeld – Laien oder Mitgliedern der Gesellschaft Jesu oder der Kirche, ich weiß nicht, welche Kreise das zog – erfahren, dass da ein Priester war, der, so haben Sie es selbst dargestellt, zwei Priestern, die verschleppt worden waren und deren Provinzial Sie noch bis unmittelbar vor ihrer Entführung gewesen waren, die Kommunion brachte. Haben Sie daraufhin irgendetwas unternommen, als Sie davon erfuhren, als Sie wussten, wo die Priester waren, wo man sie lokalisieren, wo man sie rausholen konnte?

Bergoglio: Wer [jemandem] die Kommunion bringt, muss nicht zwangsläufig ein Priester sein. Das kann irgendein Laie sein. Das wird immer üblicher.

[...]

Zamora: Wir sprechen davon, dass Sie Kenntnis von dem Ort hatten, wo sie waren, und einfach weitergemacht haben.

Bergoglio: Ich wusste nicht sicher, dass sie in der Technischen Hochschule der Marine waren, [ich hatte keine] Gewissheit, bis sie es mir nach ihrer Freilassung erzählten.

[...]

Zamora: Haben Sie nach diesen Ereignissen, unter anderem der Verschleppung und Freilassung zweier Priester und einiger Katecheten, etwas unternommen, um Francisco Jalics von den Behörden der Militärdiktatur einen Pass ausstellen zu lassen?

Bergoglio: Ja.

Zamora: Wann war das?

Bergoglio: Ich erinnere mich nicht an das Datum, aber ich denke ’78, das kann sein. Ich erinnere mich nicht an das genaue Datum.

Zamora: Was genau haben Sie unternommen?

Bergoglio: Der Pater musste seinen Pass verlängern lassen. Er war Ungar, argentinischer Staatsbürger oder mit Wohnsitz in Argentinien, das weiß ich jetzt nicht genau, aber er hatte einen argentinischen Pass. Damals war er ungarischer Flüchtling, Exilant, sozusagen staatenlos. Aufgrund der Diktatur in Ungarn war sein einziges Reisedokument der argentinische Pass, und der lief ab. Kurz bevor dies geschah, musste er herkommen und ihn verlängern lassen. Unserer Ansicht nach war das ein Risiko. Deshalb bat ich die Behörden – auf seinen Vorschlag hin, Pater Jalics hatte mir selbst geschrieben und mich darum gebeten –, ihn zu verlängern; sie sollten die Botschaft in Bonn anweisen, ihm den Pass zu verlängern. Als Begründung nannte ich, dass die Reise für ihn sehr teuer wäre.

ZAMORA: Wissen Sie noch, wie die Sache ausging?

BERGOGLIO: Sie haben es abgelehnt.

ZAMORA: Wissen Sie, warum?

BERGOGLIO: Nein.

ZAMORA: Haben Sie nach dem Grund gefragt, da Sie ja den Antrag gestellt hatten?

BERGOGLIO: Ja, sie haben Nein gesagt. Dass man ihn hier verlängern müsste.

ZAMORA: Wer hat Ihnen das gesagt? Bei welchem Funktionär haben Sie den Antrag gestellt?

BERGOGLIO: Bei dem, der mich im Außenministerium erwartet hat. Ich weiß nicht mehr, wer das war, aber ich weiß, dass ich ihm die Angelegenheit vorgetragen, ihm die Situation erklärt habe und dass sie mir danach sagten, das sei nicht üblich oder nicht möglich, irgendetwas in der Art.

ZAMORA: War es der Leiter der Kultusabteilung des Außenministeriums, Orcoyen?

BERGOGLIO: Ich erinnere mich nicht.

ZAMORA: Aber es war der Leiter der Kultusabteilung des Außenministeriums?

BERGOGLIO: Es war der Funktionär, der mich erwartet hat. Ich weiß noch, dass ich zum Außenministerium gegangen bin, wahrscheinlich in die Abteilung für Pässe oder Ausländerangelegenheiten, aber ich erinnere mich nicht mehr.

ZAMORA: Von dem Funktionär haben Sie es also nicht erfahren. Haben Sie danach auf anderem Weg erfahren, warum [der Antrag abgelehnt worden war]?

BERGOGLIO: Das Warum war offensichtlich. Sie wollten ihn hier haben.

VORSITZENDER RICHTER: Hat man Ihnen das gesagt, oder ist das eine Schlussfolgerung Ihrerseits?

BERGOGLIO: Das ist meine Vermutung.

ZAMORA: Bei dem Gespräch mit diesem Funktionär, der Sie erwartet hat, gab es da nur ein Treffen oder noch ein weiteres?

BERGOGLIO: Nur eins. Ich gab ihm [den Antrag], er fragte mich, was mit dem Pater geschehen sei, ich erklärte ihm, dass er in Haft gewesen war, dass sie den beiden vorwarfen, Guerilleros zu sein, dass sie aber nichts [damit] zu tun hatten und Punkt.

ZAMORA: Fällt Ihnen noch etwas anderes ein, was Sie ihm gesagt haben? Außer, dass er inhaftiert gewesen war, haben Sie ihm gesagt, von wem, warum?

BERGOGLIO: Ich weiß nicht mehr, ob ich ihm gesagt habe, dass er in der Technischen Hochschule war. Wahrscheinlich habe ich es ihm gesagt, ich erinnere mich nicht. Wenn er mich gefragt hat, wo er inhaftiert war. Ich glaube nicht, dass er mich gefragt hat, weil sie es ja schon wussten. Ich weiß aber noch, was ich immer gesagt habe: dass sie in Haft waren, dass sie beschuldigt wurden, Guerilleros zu sein, aber nichts [damit] zu tun hatten.

ZAMORA: Warum haben Sie das Wort »Haft« benutzt, wenn Sie doch wussten, dass Yorio und Jalics verschleppt worden waren?

BERGOGLIO: Ich weiß nicht. Das war eben der Ausdruck, den ich benutzt habe.

[…]

ZAMORA: Haben Sie schon einmal von der Insel El Silencio im Tigre-Delta gehört?

BERGOGLIO: Nein.

ZAMORA: Haben Sie noch nie davon gehört oder hatten Sie damals noch nie davon gehört?

BERGOGLIO: Ich erinnere mich nicht, davon gehört zu haben.

ZAMORA: Oder von irgendeiner Insel im Tigre-Delta, die der katholischen Kirche gehörte?

BERGOGLIO: Ich bin mir im Moment so gut wie sicher, dass es im Tigre-Delta nur eine kleine Pfarrkirche, aber keine Insel gibt.

ZAMORA: Im Moment – und während der Zeit der Diktatur?

BERGOGLIO: Das weiß ich nicht.

ZAMORA: Wann haben Sie Jalics und Yorio zum letzten Mal gesehen?

BERGOGLIO: Jalics habe ich in Buenos Aires gesehen. Er kommt regelmäßig. Er bittet mich um die Erlaubnis, Kurse zu halten, das ist bei Priestern von außerhalb so üblich, und ich gebe sie ihm gerne. Einmal ist er gekommen, um sich mit mir zu unterhalten, da waren wir verabredet. Ein anderes Mal, daran erinnere ich mich, haben wir in der Kathedrale konzelebriert, im Rahmen eines Katechetenlehrgangs. Das letzte Mal, dass ich ihn gesehen habe, wird etwa zweieinhalb Jahre her sein, hier in Buenos Aires.

ZAMORA: Und Yorio?

BERGOGLIO: Yorio habe ich das letzte Mal in Rom gesehen, als er [dort] studierte. Ich habe ihn ein paarmal gesehen, dreimal vielleicht. Danach kam er zurück und inkardinierte sich. Und ich weiß, dass er dann weggegangen ist, um in Uruguay zu leben.

ZAMORA: Haben die Kardinäle irgendein Dossier mit ihrer Vorgeschichte, ihrem Werdegang? Wird ein Dossier angelegt? Oder, wenn das nicht das richtige Wort ist, gibt es irgendetwas Ähnliches?

BERGOGLIO: Das weiß ich nicht, das hängt vom Heiligen Stuhl ab.

ZAMORA: Wissen Sie, ob der Heilige Stuhl sie [solche Dossiers] anlegt?

BERGOGLIO: Das weiß ich nicht.

ZAMORA: Ich meine zum Beispiel, wenn das Kollegium zusammentritt, um einen neuen Papst zu wählen.

VORSITZENDER RICHTER: Antworten Sie nicht, Herr Bergoglio, kommen Sie auf den Punkt, Dr. Zamora.

ZAMORA: Ob man in diesem Fall ein Dossier mit der Vorgeschichte und dem Werdegang jedes Einzelnen anlegt?

ANWÄLTE (VALLE): Wir urteilen hier weder über die katholische Kirche noch über Kardinal Bergoglio und auch nicht darüber, ob dieses Thema die Wahl des Nachfolgers von Johannes Paul II. irgendwie beeinflusst hat. Das hat nichts mit dem Gegenstand dieses Verfahrens hier zu tun.

VORSITZENDER RICHTER: Ich erkenne den Zusammenhang zwar nicht, aber Sie können [Ihre Frage] noch einmal neu formulieren.

ZAMORA: Ob ich ihm, falls [ein solches Dossier] existiert, eine Frage zu gewissen Abschnitten stellen könnte …

VORSITZENDER RICHTER: Warum stellen Sie Ihre Frage nicht direkt?

ZAMORA: Falls ein Dossier existiert, enthält das Ihrige irgendeinen Hinweis auf den Fall Jalics und Yorio?

BERGOGLIO: Erstens weiß ich nicht, ob ein solches Dossier existiert. Zweitens hat man mir bei dem Konklave, an dem ich teilgenommen habe, kein Dossier über irgendeinen Kardinal gegeben.

ZAMORA: Als Jalics und Yorio Ihnen berichtet haben, was sie erlebt hatten, haben sie Ihnen da irgendetwas Genaueres über die Folter, über die erniedrigende Behandlung gesagt? Konnten sie irgendjemanden identifizieren?

BERGOGLIO: Nein, sie konnten niemanden identifizieren.

VORSITZENDER RICHTER: Und zu welcher Abteilung hatten ihre Gefängniswärter gehört?

BERGOGLIO: Sie waren davon überzeugt, dass sie in der Technischen Hochschule der Marine waren, entweder schon in der ersten Phase ihrer Haft oder aber in der zweiten, bei der sie an einem Ort in der Nähe untergebracht waren.

VORSITZENDER RICHTER: An einem Ort, der vom Rest getrennt war?

BERGOGLIO: Getrennt und deutlich kleiner. Wie ein großes Haus, etwas in der Art.

ZAMORA: Erinnern Sie sich, welche Belege sie Ihnen genannt haben, warum sie davon überzeugt waren?

BERGOGLIO: Nein, nein, aber sie hatten keinen Zweifel.

ZAMORA: Keine weiteren Fragen.

Befragung durch die Staatsanwältin Dr. Monaschi:

MONASCHI: Erinnern Sie sich, ob Sie zu irgendeinem Zeitpunkt davon Kenntnis hatten, dass Trauerfeiern für Yorio und Jalics abgehalten wurden, während sie in Gefangenschaft waren?

BERGOGLIO: Nein, ich erinnere mich nicht.

MONASCHI: Könnten Sie uns kurz erzählen, wie die Patres Yorio und Jalics waren, wie Sie sie vor ihrer Verschleppung in Erinnerung haben?

VORSITZENDER RICHTER: Sie fragen nach ihrem Charakter?

MONASCHI: Ja, so wie er sie in Erinnerung hat.

BERGOGLIO: Gute Ordensleute, beide sehr intelligent, gute Lehrer. Jalics hatte eine besondere Begabung für die geistliche Leitung. Während meines Theologiestudiums war er zwei Jahre lang mein Spiritual. Und Yorio besaß eine außergewöhnliche Sensibilität, gepaart mit einem Intellekt, einem überdurchschnittlichen Intellekt. Das ergab eine Kombination, das machte seine Theologievorlesungen essenziell.

MONASCHI: Sie haben davon gesprochen, dass Sie eine freundschaftliche Beziehung zu Frau Ester de Careaga hatten. Dieselbe Frage: Wie haben Sie sie aus der Zeit, als Sie zusammengearbeitet haben, in Erinnerung?

BERGOGLIO: [Sie war] eine Frau, die mir beigebracht hat, wie man arbeitet. Wie man exakte Analysen durchführt, im Bereich der Glycerine und solcher Substanzen [...]. Sie hat mir beigebracht, wie man gut arbeitet, wissenschaftlich. Eine Frau mit viel Humor, eine Frau, die mein Interesse für die Politik geweckt hat. Sie war *Febrerista*, von der paraguayischen febreristischen Partei, und hier im Exil.[31] Sie gab mir Sachen zu lesen, die Artikel von Barletta zum Beispiel, wir unterhielten uns, wir sprachen darüber. Ich habe dieser Frau viel zu verdanken. Auch danach, als ich schon Priester war und so weiter, blieben wir in Kontakt. Einmal rief sie mich an und sagte zu mir: »Sag, kannst du zu mir nach Hause kommen? Meiner Schwiegermutter geht es schlecht, ich möchte, dass du ihr die Krankensalbung gibst.« Das kam mir komisch vor, weil sie nicht gläubig waren. Die Schwiegermutter schon, sie war einigermaßen fromm, aber es kam mir komisch vor. Und sie fragte mich, wo wir die Bibliothek verstecken könnten, weil sie überwacht werde. Sie hatten ihre Tochter schon verhaftet

---

[31] Der paraguayische *Partido Revolucionario Febrerista* (»Febreristische Revolutionäre Partei«) war eine Partei sozialistischer Prägung, die am Tag der Revolution, dem 17. Februar 1936, gegründet wurde. 1951 wurde sie von einigen ihrer Mitglieder, die im Exil in Buenos Aires lebten, offiziell als politische Partei konstituiert.

und wieder freigelassen. Sie hatte drei Töchter. Ich habe sie als eine bedeutende Frau in Erinnerung, genau wie die Señora de Blanco, de Bianco [er erinnert sich nicht genau an den Namen], und auch Azucena Villaflor damals, die später überführt wurde, ich habe die Erlaubnis dazu gegeben, dass sie in der Kirche Santa Cruz beigesetzt wurden.[32]

[…]

MONASCHI: Ich habe keine weiteren Fragen.

Befragung durch Dr. Rito (Zivilpartei):

RITO: Sie haben in Ihrer Aussage erwähnt, dass Sie Adolfo Servando Tórtolo kannten. Wie haben Sie ihn kennengelernt, woher kannten Sie ihn, welche Funktion übte er aus?

BERGOGLIO: Er war Erzbischof von Paraná und Militärordinarius und Vorsitzender der Bischofskonferenz. Ich habe ihn als Vorsitzenden der Bischofskonferenz kennengelernt. Als Jesuitenprovinzial habe ich ihm in dieser Angelegenheit oder in anderen Dingen, die uns betrafen, Bericht erstattet. Einmal sollte jemand entlassen werden, der in einer kirchlichen Organisation als Berater fungierte, und er hat mir einen Brief geschrieben, um mir das mitzuteilen. Ich bin zu ihm hin und habe mich über diese Entlassung beschwert. Das war früher oder zur gleichen Zeit wie dieses ganze Problem mit der Diktatur.

RITO: Wissen Sie noch, welches Amt er 1976 innehatte?

BERGOGLIO: Er war Vorsitzender des Episkopats, Erzbischof von Paraná und Militärbischof.

---

[32] Azucena Villaflor, Ester Balestrino de Careaga und Maria Ponce waren Mütter der Bewegung der *Madres de Plaza de Mayo* und Opfer der argentinischen Diktatur. 1977 wurden sie verschleppt, in der ESMA gefoltert und anschließend ermordet.

Rito: Wussten Sie, ob es irgendein Treffen zwischen dem Militärbischof und den Amtsträgern der Diktatur gegeben hat, ja oder nein?

Bergoglio: Ich wusste nichts von einem bestimmten Treffen an diesem und jenem Tag, aber natürlich gab es das. Das ging gar nicht anders.

Rito: Wussten Sie, zu welchem Thema?

Bergoglio: Das wird sicherlich das Problem mit den Verschleppten, den verschwundenen Personen gewesen sein, aber sicher weiß ich das nicht, das sind Hypothesen meinerseits.

Rito: Hat er nicht mit Ihnen darüber gesprochen, hat er Ihnen das nicht mitgeteilt?

Bergoglio: Nein, nein. Da muss ich Ihnen meine Stellung erklären, wenn Sie erlauben. Ich war ein Jesuitenprovinzial, mit 36 Jahren wurde ich ernannt, damals war ich 40 und sehr weit weg von dem ganzen Bischofskollegium, von den Versammlungen der Bischöfe. Ein Bischof war nichts, was einem irgendwie nahe gewesen wäre. Nur der Ortsbischof, an den man sich wandte. Wenn ich damals Bischof gewesen wäre, hätte ich ein anderes Verhältnis [zu Erzbischof Tórtolo] und mehr Zugang zu Informationen gehabt. Das nur, um meine Stellung zum damaligen Zeitpunkt zu erklären.

Rito: Erinnern Sie sich, den Ausdruck *Curas villeros* schon einmal gehört zu haben?

Bergoglio: Ja.

Rito: Was bedeutete das? In welchem Kontext wurde er gebraucht?

Bergoglio: Das waren die Priester, die in der *Villa* [im Elendsviertel] arbeiteten. Gerade ist ein Buch über die *Curas villeros* herausgekommen. Silvina Premat ist die Verfasserin. Darin erklärt sie ein bisschen die Mystik von

Mugica bis heute. Aber das reicht noch weiter zurück. Das gab es schon in der Zeit von Onganías Militärputsch.[33] Die wichtigste noch lebende Bezugsperson ist Pater Botán.[34]

RITO: Hat das Ihrer Meinung nach etwas mit dem Zweiten Vatikanischen Konzil zu tun oder erklärt es sich irgendwie daraus?

BERGOGLIO: Ja, auch wenn die Option für die Armen aus den ersten Jahrhunderten des Christentums stammt. Sie ist die Frohe Botschaft. Wenn ich heute eine der Predigten der frühen Kirchenväter aus dem zweiten, dritten Jahrhundert als Predigt halten würde, darüber, wie man mit den Armen umgehen soll, dann würden die Leute sagen, meine Predigt wäre maoistisch oder trotzkistisch. Für die Kirche war das immer schon eine Ehre, diese vorrangige Option, so mit den Armen umzugehen. Sie hat die Armen als den Schatz der Kirche betrachtet. Als sie während der Verfolgung den Diakon Laurentius, der der Verwalter der Diözese war, aufforderten, ihnen alle Schätze der Kirche zu bringen [...], da kommt er mit einem Haufen Armer wieder und sagt: »Das sind die Schätze der Kirche.« Und ich spreche hier vom zweiten, dritten Jahrhundert.

Die Option für die Armen stammt aus dem Evangelium. Beim Zweiten Vatikanischen Konzil hat man die Definition der Kirche als Volk Gottes neu formuliert, und auf diesem Boden ist dann mit viel mehr Kraft das gewachsen, was bei der Zweiten Generalversammlung der lateinamerikanischen Bischöfe in Medellín eine ganz ausgeprägte Form erhalten hat.

---

[33] Juan Carlos Onganía Carballo (1914–1995) kam 1966 durch einen Staatsstreich an die Macht und regierte Argentinien bis 1970.

[34] Héctor Botán, Miguel Ramondetti und Rodolfo Ricciardelli gehörten zu den Gründern der Bewegung »Priester für die Dritte Welt«.

Rito: Was denken Sie über die Arbeit, die diese *Curas villeros* zum Zeitpunkt der [hier diskutierten] Ereignisse geleistet haben?

Bergoglio: Das ist in den verschiedenen Ländern Lateinamerikas ganz unterschiedlich. In manchen Ländern war man sehr in politische Methoden verstrickt. Zum Beispiel eine Lesart des Evangeliums mit einer marxistischen Hermeneutik. So entstand dann die Befreiungstheologie. In anderen Ländern suchte man eher die Nähe zur Volksfrömmigkeit, man distanzierte sich von jedem politischen Engagement im engeren Sinn, sondern entschied sich stattdessen für die Politik in Großbuchstaben, die Unterstützung und Begleitung der Armen. Der Heilige Stuhl hat damals zwei Instruktionen über die Befreiungstheologie herausgebracht, in der er die Dinge richtigstellte. Sehr aufgeschlossen, sehr wohlwollend gegenüber der Arbeit mit den Armen, aber mit einer christlichen Hermeneutik, die nicht aus irgendeiner politischen Weltanschauung stammte.

Rito: Ich habe Sie nach Ihrer Meinung zu den *Curas villeros* gefragt, die sich hier in Argentinien engagierten.

Bergoglio: In Argentinien ist es auch nicht überall gleich, das hängt von der Diözese ab. Es gab einige, die sich [bei der Auslegung des Evangeliums] sehr weit auf politische Hermeneutiken eingelassen hatten, und andere, das sind die, die die jetzige Linie begründet haben, Pater Ricciardelli, Pater Botán, die einen hervorragenden Standpunkt vertreten. Das Buch, das gerade herausgekommen ist, stellt ihren Standpunkt dar, im Hinblick auf die menschliche Förderung, die Evangelisierung und die Sorge um das Volk Gottes, die Begleitung des Volkes Gottes. Es war heldenhaft, so engagiert bei den Armen zu leben.

[…]

Rito: Sie sprachen vorhin von einem Treffen zwischen Ihnen und Fermín Mignone …

Bergoglio: Fermín?

Rito: Dr. Mignone.

Bergoglio: Dr. Mignone, ja.

Rito: Wie oft haben Sie sich mit Mignone getroffen?

Bergoglio: Einmal, sicher, einmal sicher.

Anwälte: Herr Bergoglio, antworten Sie nicht. Herr Vorsitzender, er hat gesagt, dass es ein Treffen gab, dass er sich nicht an ein zweites erinnert und dass sie sich hier in der Kathedrale begegnet sind.

Vorsitzender Richter: Der Einspruch des Herrn Anwalts ist berechtigt.

Rito: Eine letzte Frage. Vorhin, als Sie aussagten, Sie hätten beim Außenministerium den Pass für Pater Jalics beantragt, konnten Sie sich nicht an den Beamten erinnern. Mein Kollege hatte Sie nach Anselmo Orcoyen gefragt, erinnern Sie sich?

Bergoglio: Der Name kommt mir bekannt vor, der Name kommt mir bekannt vor. Das ist 34 Jahre her, nicht wahr? Der Name kommt mir bekannt vor, aber …

Rito: Hat das Ministerium Sie vor seinem Bescheid zu irgendeinem Zeitpunkt um einen Bericht gebeten?

Bergoglio: Nein.

Rito: Sie haben nie einen Bericht verfasst, auf keinen Fall?

Bergoglio: Auf keinen Fall. Einfach nur den Antrag, und [den habe ich] dann hier bei der Behörde abgegeben. Ich glaube, ich glaube, dass es die Ausländer- oder die Passbehörde war, oder etwas in der Art, irgend so etwas war es, glaube ich, aber ich erinnere mich nicht.

Rito: Das heißt, das hier ist der Antrag, der den Vorgang einleitet.

Bergoglio: Ja.

Rito: Vielen Dank. Ich habe keine weiteren Fragen.
[…]
Vorsitzender Richter: Frau Dr. Bregman [Anwältin der Menschenrechtsorganisationen], bitte.

Bregmann: Wann haben Sie von der Existenz geheimer Haftzentren in Argentinien erfahren?

Bergoglio: Die Gewissheit, dass es das gab, hat sich in den ersten Monaten der Diktatur durchgesetzt. Da wurde mir auch bewusst, dass Leute »geschluckt« wurden, wie man damals sagte.

Bregmann: Als Sie erfuhren, dass das auch den Priestern Jalics und Yorio passiert war, was haben Sie in dem Moment gedacht? Wenn Sie sich diesen Moment vergegenwärtigen, war das etwas Neues? Oder etwas, wovon Sie schon gehört hatten?

Bergoglio: Mein erster Gedanke war, dass sie sie sofort wieder freilassen würden, weil sie nichts gegen sie in der Hand hatten. Ich wusste, dass da nichts war. [Das war] mein erster Gedanke. Zusammen mit der Sorge. Darüber hinaus war ich davon überzeugt – und bin es auch heute noch weitgehend –, dass diese Operation nicht nur den beiden galt, sondern dass sie in eine Razzia geraten sind. Ich weiß das nicht sicher, aber ich bin davon überzeugt. Also, im ersten Augenblick dachte ich, dass sie bald wieder frei kämen, auch wenn wir sofort Maßnahmen ergriffen haben, aber ich dachte nicht, dass die Sache so lange dauern würde.

Bregmann: Erinnern Sie sich, wie lange es dauerte, wie lange sie verschwunden waren?

Bergoglio: Ich glaube, von Mai bis Oktober, oder nicht? Sie sind irgendwann um den Muttertag herum freigekommen.[35]

---

[35] In Argentinien feiert man den Muttertag am dritten Sonntag im Oktober.

Bregmann: Sie haben an einer Stelle gesagt, dass Sie bei einer Ihrer Unterredungen mit Massera zu ihm gesagt hätten, dass sie »in keine krummen Sachen verwickelt waren«, oder etwas in der Art. Was meinen Sie damit, »in krumme Sachen verwickelt sein«? Was wäre das Gegenteil gewesen?

Bergoglio: Diese Guerilla-Geschichten, Subversion usw.

Bregmann: Das wäre das Gegenteil? Das hieße im Umkehrschluss, in krumme Sachen verwickelt zu sein?

Bergoglio: Besser gesagt, vermeintlich in subversive Handlungen verwickelt. In Mendoza ist mit einem anderen Jesuiten genau dasselbe passiert, Juan Luis Moyano, der … aber das war vor der Diktatur … da fanden wir sofort heraus, wo er festgehalten wurde. Wir erhielten die Möglichkeit, ihn außer Landes zu schaffen, und er ging nach Deutschland, um dort sein Studium abzuschließen. Er hatte nichts [damit] zu tun, aber er geriet in eine Razzia unter Katecheten.

Bregmann: Hatten Sie Kenntnis davon, dass die Herren Jalics und Yorio beim *Juicio a las Juntas* [Prozess gegen die argentinische Militärjunta] ausgesagt haben?

Bergoglio: Ja.

Bregmann: Waren Sie bei ihrer Aussage dabei? Haben Sie ihnen irgendwie beigestanden?

Bergoglio: Nein, nein.

Bregmann: Haben Sie vor oder nach ihrer Aussage mit ihnen gesprochen?

Bergoglio: Damals nicht. Vorher schon.

Bregmann: Ich meine zeitgleich mit ihrer Aussage, am Vortag, das macht man doch normalerweise so.

Bergoglio: Nein, am Vortag nicht.

Bregmann: Sie haben auch ausgesagt, wenn ich Sie richtig verstanden habe, dass Sie sie ganz kurz nach ihrer Freilassung gesehen haben.

Bergoglio: Ja.

Bregmann: Welchen physischen Eindruck haben sie gemacht? Woran erinnern Sie sich?

Bergoglio: Sie schienen unversehrt. Trotz allem, was sie durchgemacht hatten, schienen sie unversehrt. Und ich nehme an, dass sie gegen Ende ihrer Haft irgendwie erfahren haben, dass man sie freilassen würde, das machte die Sache für sie erträglicher, nehme ich an. Doch sie schienen unversehrt, ganz unversehrt und schnell [bereit], mitzuarbeiten, um sie aus jeder Gefahr herauszubringen.

Vorsitzender Richter: Und körperlich? Weil Sie sie doch von früher kannten. Dick, dünn?

Bergoglio: Sie waren immer dünn. Ja, sie waren ein bisschen magerer. Aber sie schienen mir nicht ausgezehrt. Deshalb nehme ich an, dass sie sie in der letzten Zeit vor der Freilassung anders behandelt haben. Doch das ist eine Vermutung meinerseits.

Bregmann: Haben Sie irgendwann gelesen, was Jalics und Yorio beim *Juicio a las Juntas* ausgesagt haben?

Bergoglio: Nein.

Bregmann: Hat es Sie nie interessiert, zu erfahren, was sie dort gesagt haben?

Bergoglio: Mich hat interessiert, was sie getan haben. Und das hielt ich für gut. Aber ich habe nichts gelesen.

[…]

Bregmann: Wann erfuhren Sie, dass es Kinder gab, die während der Diktatur geraubt wurden?

Bergoglio: Das ist noch nicht lange her. Oje, vor Kurzem, vielleicht vor zehn Jahren.

[…]

Bergoglio: Vielleicht zur Zeit des *Juicio a las Juntas*. So um den Dreh.

Bregmann: Also etwas früher.

Bergoglio: Etwas früher. So ungefähr um diese Zeit, plusminus, habe ich zum ersten Mal davon erfahren.

Bregmann: Wir haben an verschiedenen Stellen von Akten gesprochen, die in den Prozess eingebracht werden könnten oder eben nicht. Ich würde mir wünschen, um zum Ende zu kommen, dass eine Vereinbarung getroffen wird, wie das Gericht an diese wertvolle Dokumentation herankommen kann, da es öffentlich und allgemein bekannt ist, dass die Kirche einen Großteil dieser Dokumentation besitzt. Dieser [Teil] besteht aus verschiedenen Zeugenaussagen, auch Aussagen, die hier vor diesem Gericht gemacht worden sind. Dass vor Ende dieser Anhörung eine Vereinbarung getroffen und entschieden wird, wie das Gericht – und zwar kurzfristig – an diese ganze wertvolle Dokumentation von Archivunterlagen herankommen kann.

Vorsitzender Richter: Fragen Sie danach, Frau Anwältin.

Bregmann: Ich frage, ob es möglich sein wird, einen einvernehmlichen Weg zu gehen, um diese Dokumentation zu suchen und Akteneinsicht zu nehmen.

Vorsitzender Richter: Die Frage wäre also, ob der Herr Zeuge sich verpflichtet, die Archive sichten zu lassen.

Bergoglio: Ja, das ist kein Problem. Ich werde die Archivare damit beauftragen. Tatsächlich haben wir auch schon im Rahmen anderer Prozesse zu demselben Thema Dokumentationsanfragen bekommen, und wir haben ihnen geschickt, was da war, alles, was da war.

Bregmann: Bei welchem Prozess, wissen Sie das noch?

Bergoglio: Nein. Aber ich weiß, dass es von der Bischofskonferenz aus im vergangenen Jahr, wenn das nicht schon länger her ist, einen Fall gab, bei der sie mich um die Genehmigung baten, und ich habe Ja gesagt, tun Sie das.

Bregmann: Diese Genehmigungen in Fällen, in denen um Auskunft gebeten wird, landen die immer auf Ihrem Schreibtisch, müssen Sie die erteilen?

Bergoglio: Wenn es um das Erzbistum geht, ja. Ich bin derjenige, der dem Archivar des Erzbistums die Anordnung geben muss. Und wenn es um die Bischofskonferenz geht, zurzeit ebenfalls, weil ich der Vorsitzende bin. Wenn der Vorsitz wechselt, wird es der neue Vorsitzende sein, mit Einwilligung des Exekutivrats. Sie sagen natürlich immer Ja.

Bregmann: Ich habe keine weiteren Fragen.

Befragung durch Dr. Zamora:

[...]

Zamora: Warum haben Sie nie Anzeige erstattet in diesen 34 Jahren, seit die beiden Priester verschleppt worden sind, die Ihnen sehr nahe standen, und nachdem Sie von ihnen wichtige Informationen darüber erhalten hatten, was in der ESMA [los] war?

Vorsitzender Richter lässt die Frage nicht zu.

Anwälte: Weil die Justiz ihn nicht vorgeladen hat.

Richter Castelli: Welche Einstellung hatten Jalics und Yorio gegenüber der Befreiungstheologie?

Bergoglio: Sie hatten eine ausgewogene, orthodoxe Einstellung, auf einer Linie mit dem, was die beiden Instruktionen des Heiligen Stuhls vorgeben.

Castelli: Was hielt die Diktatur von dieser Lehre?

Bergoglio: Es gab lateinamerikanische Vertreter, die ihnen, den Menschen, die der Diktatur anhingen, wie ein Bollwerk des Teufels vorkamen, zum Beispiel Camilo Torres, der kolumbianische Priester. Aufgrund dieser Vertreter neigten sie dazu, das Ganze für durch und durch revolutionär zu halten, marxistisch, linksgerichtet, ein linkslastiges Evangelium. Wie ich schon gesagt habe: ja, es gab einige, die eine Theologie mit marxistischer Hermeneutik vertraten, etwas, das der Heilige Stuhl nicht akzeptiert, und andere, die das nicht taten, die eine pastorale Präsenz unter den Armen wollten, aus einer Hermeneutik heraus, die vom Evangelium geprägt war. Die Führer der Diktatur verteufelten die ganze Befreiungstheologie, sowohl die Priester mit marxistischer Hermeneutik, von denen es in Argentinien, verglichen mit anderen Ländern, wenige gab, als auch die Priester, die einfach aufgrund ihrer priesterlichen Berufung unter den Armen lebten. Sie warfen sie alle in einen Topf.

CASTELLI: Sie haben den Fall Mugica und die französischen Ordensschwestern erwähnt. Kannten Sie jemanden, der verschwunden ist, weil die Diktatur alle in einen Topf geworfen und dem Betreffenden unterstellt hat, ein Anhänger dieser Idee zu sein?

BERGOGLIO: Der Fall La Rioja ist symptomatisch. Das fängt vor der Diktatur an, an jenem 13. Juni 1973, mit dem Steinewerfen; ich glaube, das war auf dem Land der Familie Yoma; sie bewarfen die Priester und Angelelli mit Steinen, weil sie mit dem Volk arbeiten; und es endet mit Angelellis Tod. »Endet« in Anführungszeichen, denn es ging weiter, aber auf andere Weise, das Klima, und die Todesschüsse auf Pater Murias, Pater Longueville, der Franzose war, und den Katecheten Pedernera, der ebenfalls erschossen wurde. Das war am 4. August 1976, der [Mord] an Angelelli, und der an Longueville, Murias und Pedernera wird 20 Tage oder vielleicht einen Monat früher gewesen sein. Und dann der an den Pallotinerpatres hier. Darüber weiß ich gut Bescheid, weil ich der Beichtvater von Pater Alfredo Kelly war, einem Mann Gottes, der das Evangelium voll und ganz lebte. Es wirkte wie ein Racheakt, eine ungerechte Willkür.[36]

CASTELLI: Brachten die *Curas villeros* sich mit dieser pastoralen Option in Gefahr?

BERGOGLIO: Es war eine gefährliche Situation, und sie wussten das. Deshalb lebten sie so nahe beieinander und unterstützen sich gegenseitig. In anderen Diözesen hat es Priester gegeben, die ebenfalls die Option für die Armen lebten und die man verschwinden ließ. Ihnen war bewusst, dass sie sich nicht so in Sicherheit wiegen konnten wie ein normaler Priester in einer anderen Pfarrei, sondern dass es durch dieses besondere Apostolat, das sie ausübten, gefährlicher war.

CASTELLI: Waren Jalics und Yorio Anhänger der Befreiungstheologie?

BERGOGLIO: Ja, aber sie waren ausgewogen und orthodox und auf einer Linie mit den Instruktionen des Heiligen Stuhls, das heißt, sie bewegten sich im Rahmen dessen, was die Kirche denkt, nicht auf dem Hintergrund einer marxistischen Hermeneutik.

CASTELLI: Hat die Tatsache, dass sie in den Elendsvierteln arbeiteten, Ihre Entscheidung beeinflusst?

BERGOGLIO: Keineswegs, wir haben die Arbeit mit den Armen sogar gefördert, und während meiner Zeit als Provinzial wurden im Landesinneren, in den ärmeren Gegenden, sogar in den Zeltsiedlungen von Santa Victoria im Norden von Tartagal Missionsstationen eingerichtet, in denen Jesuiten arbeiteten, die ganz in ihrer Aufgabe aufgingen. Mir wurde von einem Fall berichtet … In La Rioja wurde ein

---

[36] Fünf Pallotinerpatres, unter ihnen Alfredo Kelly, wurden 1976 von einem Militärkommando an ihrem Wohnsitz in Buenos Aires regelrecht hingerichtet. Man hatte sie verdächtigt, Beziehungen zu subversiven Gruppen zu unterhalten.

Priester aus Guandacol, der ebenfalls Jesuit war, schlimm verfolgt, wegen ebendieser Option. Die Evangelisierung in diesen Missionen war immer auf einer Linie mit dem Zweiten Vatikanischen Konzil und mit Medellín.

[…]

CASTELLI: Welche Position haben die argentinische Kirche und der Vatikan gegenüber der Diktatur eingenommen?

[…]

Bergoglios Anwälte erheben Einspruch.

ANWALT VALLE: Man hat versucht, die Spitze der katholischen Kirche während der Militärdiktatur und sogar den Kardinal zu beschuldigen, man ist so weit gegangen, die Möglichkeit anzudeuten, dass er [Bergoglio] nicht der Nachfolger von Johannes Paul II. geworden ist, weil angeblich ein Dossier über ihn in Umlauf war. Wenn diese Fragen genehmigt worden sind, dann muss man dem Zeugen fairerweise auch die Gelegenheit geben, seine Position, die hier in Zweifel gezogen worden ist, irgendwie klarzustellen.

[…]

CASTELLI: Konnten Sie das, was mit Yorio und Jalics geschehen war, irgendwie öffentlich bekannt machen?

BERGOGLIO: Ich habe mit allen, die mich gefragt haben, ausführlich gesprochen, ich habe über das Unrecht, das sie erlitten haben, alles offengelegt, was ich wusste, mein Standpunkt in dieser Sache ist unstrittig. Ich gebe keine Zeitungsinterviews, schon aus Gewohnheit. Trotzdem habe ich mit einem Journalisten darüber gesprochen, um ihm meinen Standpunkt klarzumachen. Die, die mich kennen, wissen, dass ich darüber immer in demselben Tenor gesprochen habe wie heute Nachmittag.

[…]

Zeittafel

17. Dezember 1936

Jorge Mario Bergoglio wird in Buenos Aires als Sohn italienischer Einwanderer aus dem Piemont geboren. Sein Vater, Mario, ist Angestellter bei der Eisenbahn, seine Mutter, Regina Sívori, kümmert sich um die Erziehung der fünf Kinder.

11. März 1958

Er tritt ins Noviziat der Gesellschaft Jesu ein.

13. Dezember 1969

Er wird zum Priester geweiht.

22. April 1972

Er legt in der Gesellschaft Jesu die ewigen Gelübde ab.

31. Juli 1973

Er wird zum Provinzial der Jesuiten in Argentinien ernannt.

24. März 1976

Eine Militärjunta unter Führung von General Jorge Videla stürzt bei einem Putsch die Regierung von Isabel Perón, führt ein neoliberalistisches Wirtschaftsmodell ein und etabliert einen umfangreichen Unterdrückungsapparat, der im Verborgenen operiert.

1977

Der »schmutzige Krieg« gegen mutmaßliche Oppositionelle, die als »Subversive« verfolgt werden, gewinnt an Intensität. Die Repressalien folgen einem bewährten Muster: Verschleppung, Folter, Ermordung. Häufig werden die Verurteilten mit Hand- und Fußfesseln lebendig in den Río de la Plata geworfen. So entstehen die ersten Bewegungen von Angehörigen der *Desaparecidos;* besonders aktiv sind die sogenannten Mütter von der Plaza de Mayo.

1978

Das Regime nutzt die Fußballweltmeisterschaft in Argentinien als demonstratives Zeichen des im Land herrschenden »Friedens«.

1982

Zwei Tage nach gewaltsamen Gewerkschaftsprotesten befiehlt der Chef der dritten Junta, General Leopoldo Galtieri, in dem Versuch, die nationale Einheit durch eine spektakuläre Operation wiederherzustellen, am 2. April die militärische Besetzung der Falklandinseln *(Islas Malvinas)*, eines britischen Archipels, auf das Argentinien Besitzansprüche erhebt. Großbritannien reagiert sofort und beschert Argentinien eine rasche Niederlage. Der Ausgang des Falklandkriegs beschleunigt das Ende des Regimes. Im Juni übernimmt General Reynaldo Bignone die Präsidentschaft.

1983

Bignone setzt für den 30. Oktober demokratische Wahlen an. Daraus geht der Kandidat der Radikalen Bürgerunion, Raúl Alfonsín, als Sieger hervor, der am 10.

Dezember die Macht übernimmt und ankündigt, die ehemaligen Befehlshaber der Militärjuntas vor Gericht zu stellen.

1984

Die Militär- und später die Ziviljustiz machen den Weg frei für die Prozesse gegen die Militärs, denen Menschenrechtsverletzungen zur Last gelegt werden. Auf Regierungsinitiative nimmt eine Sonderkommission (CONADEP) unter dem Vorsitz des Schriftstellers Ernesto Sabato die Arbeit auf und beziffert die *Desaparecidos* auf 8.900 Menschen. Späteren Recherchen von Menschenrechtsorganisationen zufolge beläuft sich die Zahl der verschwundenen Personen jedoch auf 30.000.

1985

Videla und vier weitere ehemalige Befehlshaber werden zu langen Freiheitsstrafen (zwei von ihnen erhalten »lebenslänglich«) verurteilt und kommen ins Gefängnis.

1986

Die Prozesse gegen weitere Militärs sorgen in den Kasernen für Unmut.

1987

Während der Karwoche gibt es eine Militärrevolte, um den Militärangehörigen den Rücken zu stärken, die sich weigern, bei den Prozessen auszusagen. Einige Wochen später billigt der Kongress auf Antrag von Präsident Alfonsín das »Gesetz über die Gehorsamspflicht«, das die Militärs vor einer eventuellen Strafverfolgung wegen während der Militärherrschaft begangener Verbrechen schützt.

1988

Die ultranationalistischen *Carapintadas* organisieren zwei Militärrevolten und verlangen die Aussetzung der Prozesse und die Anerkennung des »Kampfs gegen die Subversion«. Ihre Theorie: In Argentinien habe keine Diktatur, die alle Abweichungen brutal unterdrückt hätte, sondern ein harter und unvermeidlicher Krieg zwischen den subversiven Bewegungen und einem Militärapparat geherrscht, der lediglich die Ordnung habe wiederherstellen wollen.

1990

Präsident Carlos Menem, der 1989 Alfonsíns Nachfolge angetreten hat, begnadigt die verurteilten fünf ehemaligen Befehlshaber.

20. Mai 1992

Nachdem er verschiedene Aufgaben im universitären und seelsorglichen Bereich wahrgenommen hat, wird Bergoglio zum Weihbischof von Buenos Aires ernannt.

3. Juni 1997

Er wird zum Erzbischof-Koadjutor von Buenos Aires ernannt.

28. Februar 1998

Er tritt als Erzbischof der argentinischen Hauptstadt die Nachfolge von Kardinal Quarracino an.

21. Februar 2001

Johannes Paul II. ernennt ihn zum Kardinal.

2003

Der Kongress stimmt für die Aufhebung des »Gesetzes

über die Gehorsamspflicht«, das die für die Verbrechen der Diktatur Verantwortlichen vor einem Gerichtsverfahren geschützt hatte. Chef der argentinischen Regierung ist inzwischen der Neo-Peronist Néstor Kirchner, der dem linken Flügel der peronistischen Partei *(Partido Justicialista)* angehört.

2005

Bergoglio wird zum Vorsitzenden der argentinischen Bischofskonferenz gewählt und 2008 in diesem Amt bestätigt.

18. April 2005

Er nimmt am Konklave teil, das Benedikt XVI. wählt. Glaubwürdigen Rekonstruktionen zufolge erhält er die zweitgrößte Anzahl von Stimmen.

14. Juni 2005

Der oberste Gerichtshof erklärt das »Gesetz über die Gehorsamspflicht« und das »Schlussstrichgesetz« endgültig für nichtig und leitet damit die Wiederaufnahme der gerichtlichen Wahrheitsfindung ein.

25. April 2007

Der Bundesgerichtshof erklärt die 1990 von Präsident Menem gewährte Begnadigung von Jorge Rafael Videla und Emilio Eduardo Massera für nicht verfassungsgemäß. Die 1985 gegen beide verhängten lebenslangen Freiheitsstrafen bleiben in Kraft.

8. November 2010

Admiral Massera stirbt im Alter von 85 Jahren in einem Militärkrankenhaus an einer Hirnblutung. 2004 war bei ihm ein Hirnaneurysma diagnostiziert worden.

22. Dezember 2010

Videla wird wegen des Todes von 31 Häftlingen erneut zu lebenslanger Freiheitsstrafe verurteilt.

2010

Bergoglio wird im Zuge des »ESMA-Prozesses« befragt.

5. Juli 2012

Videla wird zu weiteren 50 Jahren Haft verurteilt, weil man ihn für schuldig befindet, Kinder von *Desaparecidos* geraubt und ihnen ihre Identität genommen zu haben.

13. März 2013

Bergoglio wird zum Papst gewählt und nimmt den Namen Franziskus an. Damit ist er der erste Bischof von Rom, der sich nach dem Heiligen von Assisi nennt.

17. Mai 2013

Videla stirbt im Alter von 87 Jahren unerwartet im Gefängnis.

Bibliografie

Bergoglio, J. M., *Papst Franziskus – Mein Leben, mein Weg. El Jesuita.* Die Gespräche mit Jorge Mario Bergoglio, hg. von S. Rubin und F. Ambrogetti, Freiburg (Herder) 2013.

Bergoglio, J. M./Skorka, A., *Über Himmel und Erde.* Jorge Bergoglio im Gespräch mit dem Rabbiner Abraham Skorka – Das persönliche Credo des neuen Papstes, München (Riemann) 2013.

Himitian, E., *Francesco. Il papa della gente.* Dall'infanzia all'elezione papale, la vita di Bergoglio nelle parole dei suoi cari, Mailand (Rizzoli) 2013.

CONADEP: *Nie wieder! Ein Bericht über Entführung, Folter und Mord durch die Militärdiktatur in Argentinien*, Weinheim/Basel (Beltz) 1987.

Rosti, M., *Argentina,* Bologna (Il Mulino) 2011.

Verbitsky, H., *El silencio. De Paulo VI a Bergoglio: las relaciones secretas de la Iglesia con la ESMA,* Buenos Aires (Editorial Sudamericana) 2005.

Zanatta, L., *Storia dell'America Latina contemporanea,* Bari/Rom (Laterza) 2010.

Glossar

Abuelas: Die »Großmütter von der Plaza de Mayo« (siehe *Madres de Plaza de Mayo*).

Bajo Flores oder 1.11.14: Elendsviertel in Buenos Aires.

CELS, Centro de Estudios Legales y Sociales: Zentrums für Rechts- und Sozialstudien.

Chupados: Wörtlich übersetzt: »Die Verschluckten«. Meint die *Desaparecidos* und beschreibt das Bild, dass die verschwundenen Menschen von der Militärjunta quasi »verschluckt« wurden und auch nicht wieder auftauchten.

CONADEP: Abkürzung für *Comisión Nacional sobre la Desaparición de Personas* (Nationale Kommission zur Untersuchung des Verschwindens von Personen). Wird nach ihrem Vorsitzenden, dem Schriftsteller Ernesto Sabato, auch die Sabato-Kommission genannt.

Cono Sur: Begriff für die sechs lateinamerikanischen Staaten Argentinien, Falklandinseln, Chile, Uruguay, Paraguay und Brasilien.

Desaparecidos: Wörtlich übersetzt: »Die Verschwundenen«. Gemeint sind die etwa 30.000 Menschen, die zur Zeit der Diktatur in Argentinien von staatlichen oder quasistaatlichen Sicherheitskräften heimlich verhaftet oder entführt und anschließend gefoltert und ermordet wurden und dann spurlos verschwanden.

ESMA: Steht für *Escuela superior de mecánica de la Armada,* die Offiziersschule der argentinischen Marinestreitkräfte in

Buenos Aires. Hier war während der Diktatur das größte Haft- und Folterzentrum in ganz Argentinien untergebracht.

Grupo de tareas: Als »Arbeitsgruppen« wurden im Jargon der argentinischen Militärdiktatur die Entführungskommandos der Militärjunta bezeichnet.

Madres de Plaza de Mayo, die Mütter von der Plaza de Mayo: Auf der Plaza de Mayo, dem Platz vor dem Präsidentenpalast in Buenos Aires, trafen sich jeden Donnerstag, erstmals am 30. April 1977, die Mütter der *Desaparecidos*. Sie umrunden für eine halbe Stunde stumm den Platz, weil lautstarke Proteste in dieser Zeit verboten waren. Zum Zeichen der Trauer und des Protestes trugen sie weiße Kopftücher, die zum bekannten Symbol ihres Widerstands und Kampfes für Gerechtigkeit wurden. Heute sind die *Madres* eine nationale Institution, die eine Zeitung herausgibt, eine Buchhandlung, einen Radiosender und eine Universität betreibt.

Montoneros: Die peronistische *Montoneros*-Bewegung war eine argentinische Guerillaorganisation sozialistischer Prägung, die in den 70er-Jahren aktiv war. Sie wurde von der Diktatur praktisch ausgemerzt.

Nunca mas!: Ein von der CONADEP herausgegebener Bericht über Entführung, Folter und Mord durch die Militärdiktatur in Argentinien. Auf Deutsch erschienen als: Nie wieder! Ein Bericht über Entführung, Folter und Mord durch die Militärdiktatur in Argentinien. Herausgegeben vom Hamburger Institut für Sozialforschung, Weinheim und Basel (Beltz) 1987.

Operation Condor: Bezeichnet eine in ganz Lateinamerika höchstwahrscheinlich nicht zufällig erfolgte Reihe von Militärputschs, angefangen 1964 in Brasilien bis hin zum argentinischen Staatsstreich von 1976. Es stellte sich als ein einziges großes Strategiespiel heraus, eine flächendeckende, von den Militärjunten des Subkontinents organisierte Operation zur Unterdrückung der oppositionellen Kräfte. Einigen unabhängigen Studien zufolge waren außer Chile unter Pinochet und Argentinien unter Videla auch Uruguay, Brasilien, Paraguay und Bolivien daran beteiligt. Ein erstes Arbeitstreffen der in den Plan eingeweihten Geheimdienste fand zwischen dem 25. November und dem 1. Dezember 1975 in Santiago de Chile statt. Initiiert hatte das Ganze – mit stillschweigendem Einverständnis der Vereinigten Staaten, die nach der Errichtung des kommunistischen Systems in Kuba ein Übergreifen des Sozialismus auf den restlichen Kontinent verhindern wollten – der Gründer der Geheimpolizei von General Pinochet, Manuel Contreras.

»Priester für die Dritte Welt«: Eine von Bischof Rodolfo Ricciardelli und anderen gegründete Bewegung, die innerhalb der argentinischen Kirche die Ideen des Zweiten Vatikanischen Konzils mit einem ausgeprägten sozialen Engagement verband.

Villa miseria: Argentinische Bezeichnung für Elendsviertel.

Danksagung

Papst Franziskus war gerade gewählt worden. Ich schrieb an meinem ersten Artikel über ihn und führte deshalb ein paar Interviews mit einigen seiner alten Freunde aus Buenos Aires. Ich hatte meine Arbeit noch nicht beendet, als im Netz schon die ersten Mutmaßungen darüber auftauchten, welche Rolle Jorge Mario Bergoglio während der Diktatur gespielt hatte.

Ich wusste nicht viel darüber. Also las ich die ganze Nacht hindurch, stöberte in Büchern und fütterte die Suchmaschinen. Ich stieß auf viele Unstimmigkeiten. Manche Dokumente waren fragwürdig, andere eindeutig gefälscht.

Am Morgen schickte ich eine SMS an meinen Chefredakteur Marco Tarquinio: »Wenn du willst, kann ich über die Vorwürfe gegen Bergoglio schreiben. Da sind fragwürdige Dokumente und gefälschte Fotos im Umlauf.« Die Redaktion gab mir grünes Licht. Das war der Anfang einer Recherche, deren Ergebnisse in fünf aufeinanderfolgenden Teilen in der Tageszeitung *Avvenire* veröffentlicht wurden. Es war nicht auszuschließen, dass unsere Arbeit auch Kontroverses oder Kompromittierendes zutage fördern würde. Dennoch beschlossen wir, tiefer zu graben. Dafür bin ich Marco Tarquinio dankbar: Er hatte den richtigen »Riecher«.

Ohne Stella Sciacca und Lorenzo Galliani gäbe es das vorliegende Buch ganz sicher nicht. Wochenlang haben sie seine Entstehung begleitet, von den allerersten Nachforschungen über die Suche nach Zeitzeugen bis hin zur Drucklegung. Ohne ihre unersättliche Neugier – in Kombination mit Scharfsinn, Geduld und Hartnäckigkeit – wäre *Bergoglios Liste* ein Torso geblieben.

Meine Dankbarkeit gilt ferner der Redaktion von A*vvenire*, die meine Wenigkeit in den Tagen der »Gegeninvestigation« – als andere namhafte Medien sich die These von Bergoglios Anklägern unkritisch zu eigen gemacht hatten – unerschütterlich unterstützt haben. Ich danke – um nur einige zu nennen – Alessandro Zaccuri (für seinen Zuspruch und vieles andere), Andrea Lavazza, Luciano Moia und den Chefredakteuren, die mich mit dem ersten Bericht über den neuen Papst beauftragt haben, aus dem letztlich das vorliegende Buch entstanden ist; Lucia Capuzzi (wer nur einmal von ihren Anmerkungen und ihren zahllosen Kontakten profitiert hat, weiß, wovon ich rede). Und schließlich Filippo Rizzi, der für mich nicht in erster Linie ein Kollege, sondern vor allem ein nachsichtiger Freund und zudem ein herausragender Kenner kirchlicher und »jesuitischer« Angelegenheiten ist.

Viele andere Menschen haben einen Beitrag geleistet. Unter all jenen, die unsere Recherchen unterstützt haben, seien genannt: der Erzbischof von Monreale, Michele Pennisi, der Bischof von Concordia-Pordenone, Giuseppe Pellegrini, meine Kollegin Silvina Perez, die Mitarbeiter des SERPAJ (*Servicio Paz y Justicia:* »Dienst für Frieden und Gerechtigkeit«) von Friedensnobelpreisträger Adolfo Pérez Esquivel.

Ich danke den argentinischen Journalisten (einer wahren Fundgrube an Informationen), die trotz ihrer Ächtung durch starke politische Kräfte in Buenos Aires keinen Fußbreit zurückweichen.

Obwohl es nicht üblich ist, kann ich doch nicht umhin, auch meinem Verleger zu danken, der meinen Vorschlag angenommen und mir die besten professionellen Kräfte und nötigen Mittel zur Verfügung gestellt hat, um *Bergoglios Liste* zu schreiben.

Einen letzten Gruß schulde ich schließlich jenen, die mir die Tür vor der Nase zugeschlagen, nicht mit mir gesprochen oder mir geraten haben, »es sein zu lassen«. Dass dieses Buch entstanden ist, ist auch ihr Verdienst.